KB195344

안　　녕
나　　의
순　간　들

안녕 나의 순간들

초판 1쇄 | 2025년 2월 11일 펴냄

지은이 | 고유
북디자인 | 루디아153
일러스트 | 강지민

펴낸 곳 | 도서출판 훈훈
주소 | 경기도 고양시 덕양구 소원로267
이메일 | toolor@hanmail.net
홈페이지 | blog.naver.com/toolor
인스타그램 | @hunhun_hunhun

불안함과 — 서늘한 — 마음을
따스히 끌어안았던 나의 음식들

안 녕,
나 의
순 간 들

지은이

고유

프롤로그

여태껏 먹고 사느라 애쓴 당신께...

2024년, 현재 발표된 평균 기대수명은 84세(여성89.8) 입니다. 몇몇 연구에 따르면 우리의 기대 수명은 140살을 향해 가고 있다고 합니다.

오래 산다는 건 무엇을 의미할까요?

우리는 앞으로 지금보다 훨씬 더 다양한 사람을 만나며, 많은 음식을 먹게 된다는 이야기입니다.

삶의 고비를 넘으며 '먹고 사는 것'에 대해 깊이 고민하던 때가 있었습니다. 누구는 먹기 위해 산다고 하고, 또 누군가는 살기 위해 먹는다고 하는데, 제 경우엔 둘 다였습니다. 어느 때는 먹기 위해 사는 사람처럼, 먹는 행위 자체가 목적이 되어 즐겁던 때도 있었고, 한때는 그저 생명 유지 수단으로서의 음식물 섭취가 이루어지던 때도 있었습니다.

그리고, 과거 어린 시절과 현재를 잇는, 특정 음식과 그에 얽힌 감정이 있다는 걸 발견하게 되었습니다. 먹고 산다는 게 어떤 의미인지, 지나온 삶을 정리하면서 비로소 '나라는 사람에 대한 이해'를 조금 더 할 수 있게 되었습니다.

안녕, 나의순간들

어쩌면 내 예상보다 훨씬 더 오래 살게 될지도 모를 세월, 누군가는 어쩔 수 없이 살 테고, 또 누군가는 활기차고 즐거운 주체적인 삶을 살게 되겠죠. 그렇다면 전, 이왕이면 즐겁고 편안하게 나이 들어갈 수 있다면 좋겠다는 바람입니다.

좋은 사람들과 나누는 식탁은,

작지만 확실한 행복이 된다고 합니다.

그러나 좋은 사람들(이라고 생각되는 사람들)을 만나기 전에, 먼저 나 스스로에 대한 이해를 높이고, 진짜 내가 좋아하는 게 무엇인지 제대로 알면 좋겠습니다. 그렇게 발견한, 진짜 내가 좋아하는 음식을 사랑하는 이들과 함께 나누며, 자주 재미있고 '가끔만' 쓸쓸하게 나이 들어가면 좋겠습니다.

이 책에 담긴 다양한 에피소드는, 모양은 조금 다르겠지만, 결국 삶의 모든 계절을 살아내고 있는 당신의 이야기이기도 할 것입니다.

그러니 우리, 음식은 맛있게, 마음은 곱게, 그리고 나이는 잘 먹었으면 좋겠습니다.

당신에겐 먹고산다는 게 어떤 의미인지 궁금합니다.

2025년 2월, 봄을 기다리며

고유

목차

안녕, 나의순간들

짠맛 🍴

엄마는 내가 호떡을 좋아한 줄로 아셨지만,
나는 사실 호떡이 싫었다.

다만 그 200원짜리 호떡 한 장과 맞바꾼
엄마의 타인을 향한 사랑,
그 마음에 대한 존경의 표시로

'우리 딸이 좋아하는 호떡을 사 먹였어'라는
엄마 마음 한쪽의 편안함을 위해,
내 나름 최선의 '동역'을 할 뿐이었다.

그녀의 최선,

1000원 짜리 호떡 다섯 장

마음이 놓이는 자리_갓 지은 밥。

　보온 기능이 탑재된 전기밥솥이 인기몰이하던 시절이었다. 유행 따위 타지 않는, 뚜렷한 주관을 가진 박 여사님이 계신 우리집에 전기밥솥 같은 건 없었다.

　이른 아침, 부엌에서 들려오는 압력밥솥의 추 돌아가는 소리는 밥이 다 될 거라는 신호이자 학교에 가야 할 시간이 다가옴을 알리는 알람이었다. "치익칙칙." 천근만근, 무거운 몸을 일으켜 등교 준비를 시작하면 어느새 "치—익" 하고 김이 빠지는 소리가 들린다. 솥을 그대로 잠시 더 두고 뜸을 충분히 들이고 나면, 억지로 힘을 주어 열려고 해도 열리지 않던 압력밥솥 뚜껑이 작은 힘으로도 쉽게 열린다.

　윤기가 좌르르 흐르는 흰 쌀밥. 엄마는 언제나 새 밥에 새 국을 끓여 아침을 차려주셨다. 단 하루도 빼놓지 않고, 스스로 정의한 엄마 역할에 이보다 더 최선일 수 없는 삶을 사셨던 것 같다. 김이 모락모락 나는 갓 지은 밥을 내 자리에 놓

　　　　　　　　　　　안녕, 나의순간들

아주셨다. 한 번도 거기가 내 자리라는 약속을 한 적은 없었지만, 그냥 그렇게 우리집엔 언제나 내 자리가 있었다. 엄마가 차려주신 밥상은 이 세상에서 유일하게 밥그릇 싸움이 필요 없는 곳이었다.

'자리'에 대한 개념은 우리 존재의 근간을 흔드는 그 무언가와도 같다는 생각을 한 적이 있다. 사랑받는 자리, 환영받는 자리. 이렇게까지 거창하지 않더라도 끊임없이 나라는 한 존재가 그저 '있어도 되는 자리'를 찾는 게 우리네 삶은 아닐까? 하는 그런 생각 말이다.

그리고 아주 오래, 내 마음 역시 내가 있어도 되는 자리를 찾아 헤매었다. 내 존재가 아무에게도 피해가 되지 않고, 누구도 내게 무언가 요구하지 않는, 그저 가만히 '존재하기만 해도 되는' 그런 자리를.

엄마 아빠는 내가 다섯 살이 되던 해에 결혼식을 올리셨다. 아들 중 둘째인 아빠는, 큰아빠가 결혼하신 후에야 식을 올릴 수 있었고, 우리가 다니던 시골 교회에서 결혼 예식을 치르셨다. 엄마 아빠의 결혼식을 볼 수 있는 특별한 아이가

된 나는, 매우 들떠 있었고, 동네 친구들에겐 부러움의 대상
이 되기도 했다.

"와 좋겠다~ 너는 엄마 아빠 결혼식도 볼 수 있고~"

아이들의 부러움을 한 몸에 받으니 발걸음 소리마저 경쾌
한 아침이었다. 북적북적, 작은 시골 교회가 사람들로 꽉 찼
다. 나는 드레스 입은 엄마가 보고 싶어 엄마를 찾았지만, 어
쩐 일인지 엄마를 만나기가 쉽지 않았다. 이 어른 저 어른
손에 옮겨지느라 정작 엄마가 있는 2층엔 올라갈 수도 없는
게 아닌가! 순간 무언가 잘못돼도 한참 잘못됐다는 걸 직감
했다. 나는 주변 어른들 눈치를 살피며 몰래 2층에 올라갈
궁리를 했다.

어린 날의 일이라 기억이 선명하진 않지만, 한 여자 어른
이 내게 엄마 아빠 결혼식은 네가 보는 게 아니라고 말씀하
셨다. '아니 왜? 신데렐라, 백설공주, 잠자는 숲속의 공주같
이 예쁜 드레스를 입은 엄마를 못 보게 하는 거지?' 나는 어
른들의 말이 이해되지 않았고, 점점 화가 날 뿐이었다. 식이
시작되자 나를 붙들고 있던 어른들도 2층으로 올라가셨다.

안녕, 나의순간들

이때다 싶어 살금살금 계단을 올라 예배당 끝 쪽에 자리를 잡고 앉았다.

연분홍색 한복에 하얀 면사포를 쓴 엄마가 아빠 곁에 서 계셨다. 그리고 그곳엔 좀 전에 몰래 올라온, 세계 명작 동화에 나오는 공주 드레스에 대한 로망이 대단한 여자아이도 있었다. 새하얗고 풍성한 웨딩드레스 입은 엄마를 상상했건만…. 드레스는커녕 한복을 입은 신부라니…. 무언가 잘못돼도 한참 잘못된 결혼식이었다.

엄마가 입고 있는 게 드레스가 아니라는 사실을 믿을 수가 없었다. 시간이 한참 흐른 뒤에, 당시 형편이 몹시 어려워 그나마 한복도 겨우 입고 식을 올렸다는 엄마의 설명에 속이 상하기도 했지만, 아무튼 그땐 공주 같은 드레스를 입지 않은 엄마가 미울 지경이었다. 고개를 돌려 주위를 둘러보니 조금 전까지 나를 부러워하던 아이들 얼굴에도 실망한 기색이 역력했다. 입술을 삐쭉 내밀고 잔뜩 심술이 난 채로 엄마 아빠의 결혼식을 지켜봤다.

식이 끝나자 단체 사진 촬영이 시작됐다. 엄마 아빠 둘이 먼저 찍고, 양가 부모님을 모시고 사진을 찍었다. "자, 가족 친지분들 다 나오세요." 드디어 내가 나설 차례가 되었다. 사회자 안내 멘트에 몸을 일으키려는데, 엄청난 힘이 내 어깨를 짓눌러 나는 다시 자리에 앉게 되었다. 억센 경상도 말을 쓰는 덩치 큰 여성분이 내 팔을 휙 낚아채고는 "어딜!! 엄마 창피하게 가서 사진을 찍을라카노" 하시는 거다.

거친 목소리와 행동, 잔뜩 찡그린 얼굴로 이해할 수 없는 말을 한참 동안 하셨다. 대부분 다 알아들을 수 없었지만, 어쨌거나 핵심 메시지는 '내가 가서 사진을 찍으면 엄마 아빠가 부끄러워지는 거'라는 말의 여러 다른 표현이었다. 무섭고 서러워 눈물이 터져버렸다. 아니, 우리 엄마 아빠 결혼식인데 왜 내가 사진을 찍으면 안 되는 건지, 엄마는 왜 드레스가 아닌 한복을 입고 있는 건지, 아빠는 왜 나를 보고도 이리 오라고 손짓하지 않는 건지, 왜 이곳엔 나를 지켜주는 사람이 한 사람도 없는 건지, 전부 나쁜 어른들뿐인 것 같았다.

아마도 그때 처음 '내 자리'에 대한 개념을 갖게 된 건 아니었을까? 단 한 번도 엄마 옆에 내가 있으면 안 된다고 생각해 본 적이 없었는데…. 내가 엄마 옆에 있는 게 엄마를 창피하게 만드는 거라니…. 그렇게 엄마 아빠의 결혼식은, 나의 존재가 우리 부모님에게 부끄러움일 수도 있다는 것에 대해 듣게 된 충격적인 날이었다. 정확히 누군지 기억조차 나지 않는 사람의 말이었지만, 어쨌거나 그는 나의 존재를 그렇게 여겼고, 겨우 다섯 살밖에 되지 않은 어린아이에게 기어코 그 말을 하고야 만 것이다.

안타깝게도? 한 성질 하는 여자애는 꾸역꾸역 엄마 아빠 중간에 서 있는 사진 한 장을 남겼고, 평소 멀어 잘 가지 못했던 친정집으로 신혼여행을 간 엄마와 처음으로 하룻밤 떨어져 지내게 되었다.

어둑어둑 해가 지자 엄마가 점점 더 보고 싶어졌다. 친가 어른들이 모두 할머니 댁에 모여 저녁을 먹는데, 첫 손주인 나만 혼자 어린 애였다. 아궁이 옆 수돗가에서 여자 어른들 주위를 기웃거리며 계속해서 엄마가 보고 싶다고, 엄마한테 가고 싶다고, 울고 보챘다. 그런 내가 보기 불편하셨는지 덩치 큰 여자 한 분이 솥뚜껑만 한 손으로 내 엉덩이를 찰싹 때리며 무섭게 화를 내셨다. 알아들을 수 없는 외계어, 사투리로 뭐라고 뭐라고 한참을 혼내셨는데 그중에 겨우 알아들은 한마디는 "그럴 거면 여기 있지 말고 너 혼자 알아서 나가" 대충 이런 말이었다.

'아까 엄마 창피하게 만들지 말라고 했던 그분인가? 어? 우리 친가 친척 중엔 이렇게 덩치가 큰 사람도, 사투리를 쓰는 사람도 없는데?'

사실 이후의 기억은 없다. 엄마 말로는 신혼여행을 하루만 다녀오셨다는데, 엄마를 다시 만난 기억도 없고, 엉덩이를 세게 맞고 잔뜩 야단맞은 다음은 아무리 떠올려 봐도 떠오르지 않았다.

다섯 살 아이는 이렇게 강렬한 두 장면으로 엄마의 결혼식을 기억한다. 내 존재가 엄마 아빠를 부끄럽게 할 수도 있으며, 엄마 없이 어른들에게 맡겨진 나는 귀찮고 짐이 되는 존재였다고.

'내가 있어도 되는 자리는 어디일까?'

안녕, 나의 순간들

오래도록 내 마음은 내가 있어도 되는 자리를 찾아 헤맸다. 나의 존재가 누군가에게 짐이나 부끄러움이 되지 않으면서, 타인의 날 선 평가와 얕은 판단으로부터 자유로운, 그저 나답게 존재할 수 있는 그런 자리 말이다. 그리고 될 수만 있다면 내 존재가 누군가의 기쁨이고 자랑이면 좋겠다고 바랐다.

　　나는 그날 있었던 일을 엄마에게 말하지 않다가, 세 아이의 엄마가 되고도 한참이 지난 어느 날에야 지난날을 회상하듯 이야기했다. 엄마는 그런 일을 왜 진즉 말하지 않았느냐고, 그때 그런 일이 있어서 많이 속상했겠다며 내 머리를 쓰다듬으셨다. 좀 더 일찍 말하지 못했던 이유는 혹시라도 그 먼 친척분 말처럼 엄마 아빠가 내 존재를 부끄러워했을지도 모르겠다는 생각 때문이었다. 나의 존재가 어쩌면 젊은 두 남녀에겐 선물이라기보단, 당혹스러움, 혹은 어떤 어려움이었을지도 모르겠다는 두려움에 기인한.

　　나는 어쩌면 매일 아침 엄마 밥 냄새를 통해 '이곳이 내가 있어도 되는 자리구나'를 확인했는지도 모르겠다. 다 자란 어른이 돼서도 삶에 치이고 마음이 지칠 때면 엄마 밥이 떠오르는 이유도 여전히 엄마 밥엔 내 몫, 내 자리가 있다는 믿음 때문 아닐까? 무거운 내 마음이 편히 놓이는 자리, 나를 위해 기꺼이 밥을 짓고 따뜻한 국을 내어주는 사랑의 수고와 헌신이 보이는 엄마의 식탁에서 나는 여전히 나의 자리, 내 존재를 확인한다.

Question

◦ 당신의 자리는 어디인가요?

◦ 마음이 놓이는 음식(대상)이 있나요?

선택의 기준, 행복의 조건_ 껌。

'내 친구 덴버'라는 50원짜리 껌이 있었다. 요즘 시중에 파는 껌 서너 개 정도를 합쳐 놓으면 대략 비슷한 질량이 될까 싶다. 여섯, 일곱 살짜리 아이에겐 꽤 크고 두껍게 느껴졌으니 말이다. 달콤한 향에 연두스름한 예쁜 빛깔, 다양한 공룡이 그려진 판박이로 포장된 덴버 껌은 내가 가장 좋아하던 식품이었다.

작은 시골 동네에 하나뿐인 구멍가게는 슈퍼라고 부르기에도 민망할 만큼 아담한 크기였지만 언제나 새로움이 가득한 흥미로운 장소였다. 하지만 안타깝게도 나는 슈퍼에 갈 일이 거의 없었다. 엄마는 대부분 자연에서 얻은 재료로 식사 준비를 하셨고, 따로 군것질거리도 집에 두지 않으셨기 때문이다.

가뭄에 콩 나듯, 가끔 집에 오신 손님이 용돈을 주시면 받은 돈 전부를 엄마에게 드리고 대신 100원짜리 동전 몇 개를 받았다. 아직 화폐의 가치를 잘 모르던 어리숙한 아이는 짤랑거리는 동전 소리에 흥이 올랐고, 주머니 속 동전을 만지작거리며 그 길로 슈퍼로 향했다.

'오늘은 특별히 덴버 껌을 두 개 사야지.' 모처럼 큰마음을 먹고 슈퍼에 도착했는데, 마침 같은 동네에 사는 한 살 어린 여자애도 엄마와 함께 왔다. 뽀얀 피부를 가진 새초롬하고 예쁘장한 아이, 그 애는 시골 소녀스럽지 않게 언제나 귀여운 인형처럼 예쁜 옷과 신발을 신었다. 평소 꾸미고 가꾸는 데 관심이 많은 세련된 그 아이 엄마의 야심작 같았달까.

여러 가지 덴버(공룡) 그림 중에 딱 두 개만 고르는 게 어찌나 힘이 들던지 마치 지금 이 선택으로 앞으로의 내 미래가 좌지우지될 것만 같은 인생의 큰 갈림길에 선 기분. 한참을 들었다 놨다 고민하다가 '그래도 보통은 하나밖에 못 사는데 오늘은 무려 두 개나 살 수 있으니 얼마나 행복한 고민이냐' 하며 스스로 위로하던 차, 불쑥 그 아이 손이 내 손을 건드리며 껌 상자 속으로 들어왔다. 조금의 망설임도 없이 상자 안에 들어있는 모든 종류의 덴버를 하나씩 잡아 들고는 "엄마 나 이거 살래"라고 하는 게 아닌가.

'내가 지금 뭘 들은 거지?' 놀란 나는 얼른 고개를 돌려 그 아이를 한번 쳐다보고, '당연히 안 된다고 하겠지?' 하며 확신에 찬 눈으로 아줌마를 봤다.

 나는 조금 전까지 내 미래를 상상하며 무얼 골라야 그나마 덜 후회할까를 고민하고 있었는데…. 내 옆에 누군가는 한 치의 망설임도 없이 거기 있는 전부를 마음대로 집어 들다니…. 가히 충격적이고 허탈한 순간이 아닐 수 없었다.

 내 나이 겨우 일곱에, 인생의 허무함을 맛봤다. 애초에 나와는 출발선 자체가 다른 삶이 존재한다는 것과 내 의지나 노력과 관계없이 일어나는 일도 있다는 사실에 대해서 말이다. 나에겐 당연한 어떤 일이 다른 누구에겐 그렇지 않을 수 있다는 사실에도 놀랐다.

 '그래도 최소한 뭘 먼저(어떤 그림을) 먹을까 정도는 고민하지 않을까?'

 고작 껌 두 개 고르는 데 하루 반나절을 다 쓴 것 같은 피곤함에, 최소한 그 애도 그중 어떤 판박이를 먼저 뜯을까 같은 아주 작은 고민이라도 하길 바랐다.

고심 끝에 고른 소중한 껌 두 개를 들고 집에 돌아오는 길은 상상했던 것만큼 유쾌하지 못했다. 자꾸만 그 아이 얼굴이 떠올라 왠지 모를 부족한 마음에 내 손에 들린 껌 두 개가 초라하게 느껴졌다.

이후에도 몇 번 더 비슷한 일이 있었다. 하루는 그 친구가 엄마와 함께 우리집에 왔고 우리는 둘이서 슈퍼에 갔다. 그날도 나는 껌 두 개, 그 애는 껌 여러 개와 초콜릿을 집어 들었다.

집으로 돌아와 나는 껌 하나를 세 등분으로 나눠서 그중 한 조각을 입에 넣었다. 한꺼번에 단물이 다 빠지는 게 아쉬워 좀 더 오랜 시간 달콤함을 느끼고자 나름대로 생각해낸 나만의 비법 같은 거였다. 그 친구는 나를 신기하고 이상하게 바라보면서 덴버 껌 세 개를 한입에 몽땅 넣었다. 오물오물, 자그마한 그 애의 입이 터질 것 같았다. 걱정이 된 건 아녔고, 그렇게 한 치의 망설임도 없이 본인이 원하는 만큼의 껌을 한꺼번에 씹을 수 있다는 사실이 부러울 따름이었다.

'입이 찢어지는 한이 있더라도 나도 저렇게 한번 입안 가득 덴버 껌을 넣어 봤으면….'

　"엄마 나 뱉고 싶어." '아니, 뭐라고? 아직 단물에 '단'자도 안 빠진 껌을 벌써 뱉는다고?' 아줌마는 두말없이 그 애 입 앞에 휴지를 대령했고 그 애는 단물이 덜 빠진, 아직 단단한 껌을 퉤 뱉어 버렸다.

　잔뜩 욕심만 부리고, 도대체 왜 껌을 낭비하는 거냐고 괜한 시비를 걸며 흉도 실컷 보고 싶었지만, 애꿎은 눈알만 이리저리 굴릴 뿐, 나는 한마디도 할 수 없었다. 실은 나도 그렇게 해보고 싶은 부러움뿐인 마음이란 걸 들킬 것 같아 못 본 척 고개를 돌렸다. 대신 남은 두 조각, 마침내 온전한 껌 한 개를 입에 넣고 말하기 대신 씹기를 통해 그저 이 모든 상황을 체념할 뿐이었다.

　원하는 만큼 갖고 누리다 버릴 때를 스스로 정하는 자유와 풍요함. 아마도 그게 그 애의 높이 들린 턱과 꼿꼿한 자세, 당찬 발걸음의 원천은 아니었을까. 자꾸만 내 손에 들려진 게 무엇인지 확인하게 만들던 녀석. 나의 우주였던 우리 엄마, 그러나 처음으로 이 우주가 전부가 아닐지 모른다는 걸 의심하게 만든 아줌마.

겨우 하나밖에 살 수 없었던 껌을 무려 두 개나 갖게 돼 놓고도 감사는커녕, 비교와 박탈감에 그 좋아하던 껌을 온전히 누릴 수 없었던 이상한 순간.

"안녕히 계세요."

하늘거리는 치마를 흔들며, 엄마 손을 잡고 발랄하게 길을 나서던 그 애는, 덴버 판박이 전부를 우리집에 그냥 두고 갔다. 아니, 버 리 고 갔 다.

나의 행복의 기준이 타인의 소유와 행동에 따라 이렇게나 크게 좌지우지되다니… 어느새 나의 눈과 마음이 온통 그 애가 가진 것에 집중하고 있었다.

정말이지 그러고 싶진 않았는데… 나는 그 애가 버리고 간 판박이를 조용히 챙기며, 즐거워져버렸다.

Question

◦ 당신이 느낀 첫 덴버 껌(비교 의식, 박탈감, 허무함)은 언
  제였나요?

◦ 내 행복의 기준은 무엇인가요?

두 번째 기회_ 김치찌개.

  겨우내 꽁꽁 언 대지를 녹이는 다정한 봄비처럼, 꽝꽝 얼어붙은 마음을 푸는 데에는 역시나 김치찌개다.

  보글보글 터지는 국물 방울을 보고 있으면 어쩐지 음악 소리가 들리는 듯하다. 펄펄 끓는 찌개 국물을 한 숟가락 가득 떠 입으로 가져간다. 행여라도 국물이 식을까 호호 불지 않고, 입이 데지 않게 조심스레 삼킨다. 식도를 타고 내려가는 뜨끈한 국물이 심장 옆을 지날 즈음이면 잔뜩 움츠러들었던 마음도 슬슬 기지개를 켤 준비를 한다. 역시 쪼그라든 마음에 필요했던 건, 대단한 그 무엇이 아니라, 딱 찌개 국물 한 스푼 만큼의 온기였다.

  어린 시절, 아빠는 타지에서 일하셨고, 다섯 살 어린 동생이 함께 밥을 먹을 수 있을 정도로 자라기 전까지는 나는 주로 엄마와 둘이 식사를 했다. 우리집 밥상엔 언제나 조미되지 않은 김과 아이가 좋아하기 쉽지 않은 나물 반찬들 그리고 김치가 있었다. 전장김 한 장에 밥을 넓게 펴고, 엄마가 손으로 쭉쭉 찢어주신, 줄기부터 이파리까지 다 붙어있는 김치 한 줄을 얹어 김밥처럼 돌돌 말아 간장에 찍어 먹곤 했다.

일찍부터 김치를 잘 먹은 탓에 뜻밖에 어린 사촌들의 본보기가 됐다. 우리집은 거의 매주 할머니 댁에 갔는데 주말이나 명절에 친척들이 모이면 아이들의 식습관에 대해 자주 말씀하셨다. 누군가에겐 잔소리이자 핀잔이었을 말이 내겐 칭찬처럼 들렸다. 어쩐지 기분이 좋아지는 그 소리를 한 번이라도 더 듣고 싶어 나는 점점 더 다양한 종류의 김치를 먹었다.

사실 사촌들이 모르는 게 있었는데, 나는 원래부터 김치를 잘 먹는 아이가 아니라 우리 엄마 밥상엔 김치 말고는 딱히 먹을 만한 게 없어서 그렇게 잘 먹게 됐다는 거다. 어쨌거나 칭찬이 좋은 나는 더 열심히 그 행동을 반복했을 뿐이고, 진실도 모른 채 혼이 난 사촌 녀석들만 안 된 꼴이었다. 그러나 한편 어린 내 맘엔 먹기 싫으면 먹지 않아도 되는, 다른 대안(먹을 반찬)이 있는 사촌 녀석들이 부럽고 얄미워 어쩌다 한번 듣는 그 정도의 꾸중은 들어도 되지 않겠나 하는 마음도 있었다.

 봄에는 쑥과 냉이, 여름에는 가지와 호박잎, 가을에는 고구마 줄기 그리고 겨울 시래기까지. 거기에 더해 사시사철 각 계절에 어울리는 여러 김치까지. 우리집 종교는 분명 기독교인데 식탁은 흡사 사찰을 방불케 했다. 햄이나 고기, 참치나 조미김 같은 건 우리집에 없었다. 아빠가 오시는 주말을 제외하고는 건강 식단이 자동으로 세팅되는 셈이었다.

 내가 조금 더 자란 후엔 김치로 만든 다양한 요리를 접할 수 있었다. 겉절이, 김치 볶음, 김치전, 김치 콩나물국, 묵은지 청국장찌개, 김치 죽, 김치찜, 묵은지 등갈비, 그리고 부재료만 바꾸면 얼마든지 새로운 요리가 되는 마법의 김치찌개까지.

 비록 억지로 먹기 시작한 김치였지만 어느새 진짜 김치맛을 알아버렸고, 아예 김치 자체를 좋아하게 돼버렸다. 김치가 들어간 모든 요리를 즐겼는데 그중 단연코 김치찌개를 가장 좋아했다.

자줏빛 동그란 접이식 상 위에 올려진 숭덩숭덩 썰린 돼지고기가 잔뜩 들어 있는 김치찌개의 비주얼은 가히 압도적이었다. 달큼하고 시큼한 냄새가 코끝을 자극해 입맛을 돋웠고, 맛은 또 어찌나 훌륭한지, 모락모락 김이 나는 갓 지은 쌀밥에 쓱쓱 비벼 한입 가득 떠 넣는 바로 그 순간, 아빠의 부재와 우리집 형편을 잊어버렸다.

　김치 박사인 우리 엄마가 만드는 김치는 늘 맛이 좋았지만, 가끔 다른 사람들이 만들어 준 김치는 처치 곤란일 때가 있었다. 그래도 누군가의 정성과 수고가 담긴 음식을 버릴 수는 없기에 그럴 땐 김치를 푹 익혀 신김치로 만든 후 찌개를 끓여 먹었다.

　맛없던 김치가 훌륭한 요리로 재탄생되는 과정을 보면서 마치 '인생의 두 번째 기회'가 주어진 것 같이 느껴졌다. 행여 김치 자체가 좀 맛이 없대도 부재료와의 연합으로 얼마든지 훌륭한 요리로 완성된다는 게 퍽 위로가 됐달까? 복잡한 과정 없이도 집에 있는 재료를 몽땅 넣고 오래 푹푹 끓여 간만 잘 맞추면 맛있는 한 끼 반찬이 되는 김치찌개. 그렇게 김치찌개는 빈속뿐만 아니라 움츠러든 내 영혼까지 데우는 음식이 됐다. 각 가정의 배경과 문화가 고스란히 담겨있는 김치. 출신도 소속도 각기 다 다르지만 한데 어우러져 나름의 맛을 내며 사는 우리네 인생과 참 많이 닮았다.

파릇파릇한 대로 매력이 넘치는 겉절이, 적당히 발효돼 시큼 달큼 딱 먹기 좋은 잘 익은 김치, 오래 두고 먹을 수 있는 밥도둑 신김치까지. 각각의 모습과 숙성도에 따라 누구 하나 식탁에서 배제되지 않고 본연 그대로의 맛과 가치를 인정받을 수 있다. 마지막으로 땅속 깊이 묻힌 항아리에서 하얗게 내려앉은 곰팡이를 걷어내고 건져 올린 (그 진가를 알지 못하는 이를 만나면 버려지고야 말) 쿰쿰한 묵은지까지.

다양한 김치를 먹으며 '우리는 그저 우리의 존재 자체로 이미 충분하다'라는 메시지를 얻는다. 혹 이번 생은 글렀다는 절망에 휩싸여, 나아질 내일이 믿어지지 않아 포기하고 싶은 이가 있다면 아직 끝이 아님을 말해주고 싶다. 주변에 돕는 이들과 함께라면 당신도 마침내 훌륭한 요리가 될 수 있기 때문이다.

그리고 무엇보다 중요한 사실은 나만 그렇게 누군가의 도움이 필요한 게 아니라, 나 또한 누군가에겐 이미 도움이 되고 있으니, 우리 그저 이대로도 존재할 이유가 충분하다고. 그렇게 말해주고 싶다.

인생의 두 번째 기회에 대해 알려 주는, 영혼을 위로하는 음식 김치찌개를 먹으며 나는 자주 나의 안녕을 확인한다.

'지금 이대로도 괜찮다고. 그리고 얼마든지 두번째, 세번째… 다시 나아질 기회가 있다고.'

Question

◦ 당신의 영혼을 데우는 음식(Soul Food)은 무엇인가요?

◦ 인생에 두 번째 기회가 주어진다면 어떻게 살고 싶은가요?

그녀의 최선, 1000원짜리 호떡 다섯 장。

우리 마을을 다니는 버스는 한 시간에 한대뿐이었다. 어쩌다 버스를 놓치는 날엔 꼼짝없이 한 시간을 더 기다려야 했다. 엄마는 여덟 살짜리 큰딸 손을 꼭 잡고 갓 두 돌이 지난 둘째를 포대기에 둘러업은 채 길을 나섰다. 목적지는 시내에 있는 시장.

바람이 제법 차가웠다. 얼마 전까지만 해도 나무들이 오색 빛깔 다양한 옷을 입고 있었던 것 같은데 어느새 낙엽이 지고 나무들은 앙상한 가지를 드러내기 시작했다. 아직 몇 걸음 걷지도 않았는데 금세 손 끝이 차가웠다. 다방 앞 버스 정류장에 모여있는 사람들을 보니 안심이 됐다. 다행히 아직 버스는 오지 않았고, 그 틈에 겨울만 소리 없이 오고 있었다.

시골엔 혼자 사는 노모가 많이 계셨다. '할머니들은 왜 혼자 살고계신 건지? 할아버지들은 다 어딜 가셨으며, 찾아오는 자식들은 왜 없는 건지? 그리고 다들 왜 이렇게 하나같이 쓸쓸해 보이는 건지?' 아무튼 궁금한 것 투성이었다. 그리고 그 궁금증 아래엔 '동네 아줌마들이 모여 놀 때, 우리 엄마도 할머니들 곁이 아닌 그곳에 있었으면 좋겠다'는 바람과 불만이 깔려있었다.

타지에 있는 아빠의 빈자리를 채우느라 모든 걸 혼자 해야 하는 와중에 엄마는 살림에 보탬이 되고자 짬짬이 부업도 하셨다. 늘 바쁜 엄마는 잠깐 시간이 나면, 아니, 어떻게든 그 짬을 만들어 혼자 사는 할머니들을 살피셨다. 그날도 그렇게 엄마는 어린 두 딸을 데리고 동네 아줌마들과의 수다를 뒤로한 채 버스로 40분 정도 거리의 시장을 찾았다. 사람들로 북새통을 이루는 시장 초입에는 오래된 호떡집이 하나 있었다. 내가 가던 걸음을 멈추고 어묵과 호떡을 먹는 사람들을 쳐다보자 엄마는 얼른 내 손을 끌어 바쁜 걸음을 옮겼다.

오늘 엄마의 최종 목적지는 옷가게. 빨갛고 파랗고, 찐하고 쨍한 두꺼운 겨울 점퍼들이 엄청난 존재감을 드러내며 여기저기 잔뜩 걸려 있었다. 그 옆엔 레이스가 잔뜩 달린 아동복이 있었고, 그 아래 예쁜 리본이 달린 (화려하고 촌스러운) 구두가 있었다. '세상에나, 우리 엄마가 나 예쁜 구두 사주려고 왔구나.' 한껏 기대에 부푼 나는 엄마를 바라봤다.

"이거 얼마에요?" 엄마 손엔 빨간색 점퍼가 들려 있었다. 그리고 그건 등에 업힌 두 살짜리 동생이 봐도 내 것이 아니란 걸 단박에 알 수 있을 정도로 너무나 분명하게 내 것이 아니었다. 내가 고른 신발 가격을 듣고는 아주 잠시 망설이시는 것 같아 보이기도 했지만, 이내 초록색 지폐 몇 장을 내고, 새빨간 점퍼가 담긴 큰 검정 봉지만 하나 받아드셨다. 계산이 끝남과 동시에 상황이 이미 종료되었다는 걸 알았지만, 아주 큰 용기를 내 엄마에게 물어봤다.

"엄마, 내 신발은?"
"응, 너 지금 신고 있는 거 작아지면 사줄게"

엄마는 보통, 부탁이나 요청을 기꺼이 들어주시는 편이었지만, 안 된다는 거절도 빨랐고, '한번 안 된다고 하면 진짜 안 되는', 번복도 없는 분이셨다.

어차피 신발을 얻어 신기는 글렀고, 이제부터는 빨리 내 발이 커지는 수밖에는 없다고 생각할 즈음, 한 가지 기막힌 묘책이 떠올랐다. '터덜터덜' 최대한 신발을 땅바닥에 질질 끌면서 걷기 시작했다. 새 신발이 필요할 만큼 발이 커지는 것보다, 신발이 망가져서 새로 사는 게 빠를 테니까. 물론, 몇 걸음 못 가, "똑. 바. 로. 걸. 어." 하는 날카로운 엄마 목소리가 귀에 꽂혔고, 내 발이 빨리 크는 것밖엔 달리 방법이 없어졌다.

"엄마 저거 뭐야?"
"핫도그"
"나 저거 먹어보고 싶어"
"그래, 다음에 아빠랑 와서 먹자."

이번에도 엄마의 답은 내 질문보다 빨랐다. 이후 몇 가지 필요한 채소와 과일을 사기 위해, 엄마는 다시 또 내 손을 잡고 걸음을 재촉했다. 한 시간에 한 대뿐인 버스 때문에 엄마의 맘이 급한 모양이었다. '그치만… 나는 지금 너무 먹고 싶은데…'

무거운 짐을 한 손에 들고, 다른 한 손으론 내 손을 꼭 잡고, 등에는 동생을 업은 채, 엄마는 한마디 힘들다는 불평도 없이 걸음을 옮겼다. 그리고 아까 그곳, 버스정류장과 가까운 시장 초입에 있는 호떡집에서, 엄마는 호떡 천원어치를 주문했다. 나는 아까부터 뜨거운 국물 목욕 중인 어묵이 먹고 싶었던 건데, 엄마는 내게 뭐가 먹고 싶은지 묻지도 않고, 호떡만 주문하셨다.

천원에 호떡 다섯 장, 엄마는 가장 먼저 아빠 호떡 두 개를 따로 챙겨 놓고, 갱지 같은 종이를 찢어 감싼, 뜨거운 설탕물이 흐르는 호떡 한 장을 내 손에 쥐여주셨다. 내가 호떡을 먹을까 말까 고민하는 동안, 엄마는 호떡 하나를 드시면서, 다른 호떡 하나를 작게 찢어 호호 불어 동생 입에 넣어주셨다. 날름날름 살 받아먹는 동생 한번, 엄청 뜨거운 호떡을 빨리도 드시는 엄마 한번, 그리고 막대 사탕 같아 보이는 어묵 먹는 사람들을 번갈아 바라보며, 나는 한참 동안 호떡을 손에 쥐고만 있었다.

엄마가 엄마 자신에게 쓸 수 있는 돈은 고작 200원 남짓. '동네 할머니 점퍼만 안 사드려도 내 구두랑 핫도그, 어묵까지 다 먹을 수 있을 텐데…. 그러면 엄마도 호떡 실컷 먹고, 아까 엄마가 들었다 놨다 하던 그 3,000원짜리 티셔츠도 살 수 있을 텐데.' 돌봄의 의무 없는 누군가를 위해서는 큰돈을 쓰면서 정작 본인을 위해서는 3,000원도 쓰지 못하는 엄마가 정말 이상해 보였다. 내 구두 안 사주는 건 조금 치사하게 느껴졌고.

엄마를 따라 혼자 사시는 할머니 집에 갔다. 이번엔 새로운 할머니셨다. 이가 거의 없으신 할머니께서 내 손을 잡고 이렇게 말씀하셨다.

"나 같은 게 뭐라고, 이렇게 때마다 나를 찾아와서 쌀도 주고, 과일도 주고, 추운 날 입으라고 옷도 사다 주고.. 아이고.. 지 살기도 빠듯한 거 내가 뻔히 아는데.. 아이고.. 고마워서 이를 우얄꼬.. 아가, 근데 있잖으냐.. 우리 같은 할머니들은 아무것도 갚아 줄 수 있는 게 없어서 매일 기도하고 또 기도해.. 니네 엄마랑 너네들 위해서 한 날도 빠지지 않고 내가 기도해.. 박집사 잘 살게 해달라고.. 아무도 거들떠보지 않는 이런 노인네들을 돌보는 저 마음을 예쁘게 보셔서 복 주시라고.. 아가야, 너네 엄마가 이렇게 잘 살아서 니들은 다 잘 될 거야. 암만, 잘 살 수밖에 없고말고"

당시에는 할머니가 하신 말씀이 정확히 어떤 뜻인지 몰랐다. 그저 불편한 마음과 그래도 좋은 일을 하는 듯한 약간의 뿌듯함이 공존했을 뿐. 그 시절에 난, 엄마도 할머니들도 이해할 수 없었다. 그러나 한 가지 분명한 건, 그런 말을 들을 때마다 알 수 없는 충만감으로 가슴이 뜨거워지곤 했다는 거다.

그 밖에 다른 할머니들도 비슷한 말씀들을 하셨다. "아무 것도 아닌 나를.. 너네 엄마가..", "내 자식도 이렇게 안 하는데..", "세상에 이런 사람이 또 어딨누.." 엄마가 다녀간 공간엔 언제나 온기가 돌았다. 꽁꽁 언 손, 고된 세월이 서린 다굽은 손가락을 겨우 30대 초반의 어린 새댁이 어떻게 그렇게 꼭 잡아드릴 생각을 했을까?

우리 엄마는 외로운 누군가가 스스로 삶을 포기하지 않도록, 적어도 이 세상에 나만 혼자가 아님을 알게 하는 사람이었다. 아무도 알아주지 않아도, 보이지 않는 곳에서 시간과 마음과 물질을 들여 한 영혼을 귀하게 대하는 사람. 나는 그런 엄마를 존경했고, 닮고 싶었다.

이후로 나는 엄마와 시장에 갈 때마다 호떡을 억지로 맛있게 먹었다. 내가 아주 장성할 때까지 엄마는 내가 호떡을 좋아한 줄로 아셨지만, 나는 사실 호떡이 싫었다. 다만 그 200원짜리 호떡 한 장과 맞바꾼 엄마의 타인을 향한 사랑, 그 마음에 대한 존경의 표시로 '우리 딸이 좋아하는 호떡을 사 먹였어'라는 엄마 마음 한쪽의 편안함을 위해, 내 나름 최선의 '동역'을 할 뿐이었다.

할머니들은 내가 자라는 동안 한 분 두 분 차례로 돌아가셨지만, 여전히 내 기억 속에 살아계셔서 종종 삶의 이야기를 들려주신다. '쓸모에 따라 사람을 대하지 말고, 존재를 소중히 여기는 사람으로 성장하라고. 그래서 너희 엄마처럼 살라고.'

여전히 그곳에, 엄마와 다니던 '30년 전통의 2대째 호떡집'이 있다. 그 시절 호떡을 구워주시던 할머니는 더 이상 계시지 않지만, 자녀분들이 만들어 주시는 호떡을 먹기 위해 종종 엄마와 그곳을 찾는다.

천원에 다섯 장이던 호떡이 이젠 두 장이 되었지만, 여전히 그 호떡을 손에 들면 어떻게 먹어야 할까에 대한 고민을 하게 된다. 그리고 이제 그 고민은 '어떤 마음을 먹어야 할까?'에 관한 것이다.

  내가 중요한, 가끔은 나만 중요하다고 부추기는 듯한 이 세상에서 나는 어떤 사람으로 살아가고 있는지, 살고 싶은지? 나의 곁이 필요한 이는 누구인지? 나는 누구 곁에 있고 싶은지? 그리고 나는 이 호떡 한 장으로 감사하고 만족하는, 사람일 수 있는지?

  그날의 나는, 달랑 (좋아하지도 않는) 호떡 한 개만 사주는 엄마가 서운하기도 했지만, 지금은 그 시절, 그런 삶을 사는 엄마의 딸로 그녀의 삶을 가까이에서 목격할 수 있어서 감사한 마음이다.

  그렇지만, 그 시절의 엄마를 떠올리면, 마음 한구석이 아리고 따끔거려서 '호떡만이라도 충분히 배부르게 드셨으면' 하는 마음도 든다. 뜨거운 설탕물이 가득한, 보기보다 위험한 음식 호떡, 그리고 내겐 퍽 아픈 음식 호떡.

부디 모두가 '나를 돌보느라 타인을 잊지 않기를, 더불어 타인을 돌보느라 나를 잃지 않기를' 바라본다.

◦ 어린 시절 가장 기억에 남는 음식은?

◦ 우리 부모님의 최선(사랑 표현)의 음식은 무엇인가요?

◦ 타인을 향한 사랑을 음식으로 표현한다면?

신맛 🍴

온전한 한 그릇.
처음부터 마지막 한 숟가락까지
뭉근한 온기를 머금고 있는 국밥은
불안하고 서늘한 마음을 따스히 끌어안는 포옹 같다.
적어도 그 한 그릇의 시간만큼은
내 취향대로 속도와 방식을
결정해도 된다는 허용의 시간이니까.

불안하지 않은
마음이 필요해

500원짜리 소속감, 캔 커피。

  나의 첫 커피는 17살 검정고시 학원에서였다. 중학교 졸
업 후 고등학교에 진학하지 않고 검정고시를 치렀다. 학업
성적이 우수한 것도 아녔고 그렇다고 무언가 특출난 재주도
없어(보여)서 주변의 반대와 빈정거림이 대단했다.

  2월에 중학교 졸업식을 하고 꽃 피는 봄, 동갑내기들이 새
교복과 가방을 메고 학교에 갈 즈음 나는 13살 어린 남동생
유치원 하원 차를 기다렸다. 3월 한 달이 어떻게 지났는지
모르게 4월이 됐고, 나는 그렇게 검정고시 학원에 다니기
시작했다.

  첫 수업이 있던 날, 얼마나 긴장을 했는지 그날을 떠올리
면 아직도 몸에 힘이 바짝 들어간다. 개성 강한 10대의 총
합, 다양한 사연과 독특함을 가진 아이들이 모인 장소였다.
머리부터 발끝까지 온갖 세상의 부조리와 불공평을 향해 맞
서는 용사들 같았달까. 나는 그들 사이에서 수수하고 얌전

한 아이가 되었다. 그나마 검정고시 학원에 와서 (자더라도) 앉아 있는 아이들은 부모님의 걱정스러운 마음을 조금이나마 이해하거나 혹은 누군가의 돌봄의 손길이 닿는 아이들이었다(적어도 학원비를 내 줄 누군가가 있다는 얘기니까).

교실에 있던 아이들 대부분은 따로 쉬는 시간이 필요 없어 보였다. 정해진 시간표가 의미 없는 주체적인 쉼을 누리는 아이들이었으니까. 어쨌거나 쉬는 시간이 되면 아이들은 삼삼오오 모여 담배를 피우거나 자판기에서 음료를 뽑아 먹었다. 종종 내게 담배나 라이터가 있냐고 묻기도 했고, 한 대 같이 피겠냐는 무서운 친절함을 보이기도 했다. 아무도 내게 뭐라 하지 않았지만, 언제든 그들의 눈 밖에 나거나 혹찍히기라도 하면 상상하기 싫은 끔찍한 일이 일어날 수도 있을 거라는 불안이 학원에 다니는 내내 나를 긴장하게 했다.

그렇게 몇 주간 혼자 외로운 시간을 보냈다. 원한 적은 없지만 혼자 있음이 꽤 익숙하기도 했고, 매일 같이 괴롭힘에 시달리는 것보다는 차라리 철저하게 혼자인 게 낫다는 생각도 했던 것 같다. 그러던 어느 날, 웃는 얼굴이 선한, 한 언니가 학원에 왔다. 미국에서 학교에 다니다 왔는데 대학에 가려면 고등학교 졸업장이 필요해 검정고시를 준비한다는 거다.

커피 문화에 익숙한 언니는 늘 커피를 마셨다. 텀블러에 핸드드립 커피를 내려오거나 어딘가에서 커피 한 잔을 사오곤 했다. 그리고 나서도 거의 매 쉬는 시간마다 자판기 커피를 마셨다. 한번은 내게 파란색 캔 커피 하나를 건네며 물었다.

"너는 무슨 재미로 살아?"

'재미?' 재미라는 그 단어가 어찌나 낯설고 생소하던지…. 마치 태어나 처음 듣는 단어 같았다.

"아니 넌 나이도 어린데 이번에 떨어지면 내년에 또 보면 되지, 왜 그렇게 잔뜩 힘을 주고 살아? 겨우 17살이."

진심 같았다. 비아냥거림도 놀림도 아닌, 그렇다고 걱정하는 척도 아닌 정말 궁금해서 묻는 것 같았다.

"언니는 어떤 게 재밌어요? 이번 시험에 떨어지면 얼마나 우스운 사람이 되겠어요. 저는 시험에 떨어지면 제 인생도 끝날 것 같아 무서워요."

그리고 속으로 대답했다. '다들 나한테 실망하겠죠. 비웃음거리가 될 거라고요….'

"아니 재미있는 게 얼마나 많은데…. 그럼 다음 시간 수업 빠지고 잠깐 나가서 놀다 오자. 나 이 근처에 분위기 좋은 카페 알아."

언니는 오늘 아침에도, 그리고 조금 전, 나와 이 대화를 나누면서도 커피를 마셨는데 또 카페엘 가자 한다. 내게 들려주고 싶은 이야기가 아주아주 많다며.

이후로 나는 언니와 가까워져 자주 같이 캔 커피를 마셨고, 그녀의 버라이어티한 미국 생활 이야기도 들을 수 있었다.

언니를 만난 이후에야 나는 아주 약간의 소속감을 느꼈다. 그랬다. 검정고시 학원에서 처음 마셨던 500원짜리 캔 커피는 타인과 나를 이어주는 다리였다. 누군가에겐 그 연결고리가 담배였고, 뒷담화였고, 비행 행동이었을 뿐. 그렇게 우리는 무언가를 매개로 타인과 연결되길 원했고, 이어지고 있었다. 비록 당장에라도 끊어질 듯한 실오라기 같은 연결감이었지만….

열일곱, 인간에게 소속감이 얼마나 중요한지 세상의 온갖 비난과 미움을 받는, 소위 말해 날라리(라고 불리는) 친구들을 통해 보았다.

사실은 외롭고 두려운데 아무도 본인을 기대하지 않고 믿어주지 않아, 버림받은 기분을 느끼지 않으려 오히려 더 과격하고 자극적인 말과 행동으로 자기를 보호하는 모습. 누구보다 잘하고 싶은데 그래봤자 온전한 집단에 소속될 수 없을 거라는 섣부른 속단이 만들어 낸 현상. 그러면서도 사랑과 인정의 관계에 속하고 싶어 이리저리 눈길을 돌리는 그 간절함을.

캔 커피는 대체로 달콤했지만 한편, 사회로부터 달갑게 여겨지지 않던 학교 밖 청소년, 검정고시 학원의 불안하고 위태로운 10대 아이들의 모습처럼 씁쓸하기도 했다.

◦ 당신의 커피는 어떤 의미인가요?

◦ 어떨 때 커피를, 왜, 누구와 함께 마시나요?

불안하지 않은 마음이 필요해 - 국밥。

  마음이 헛헛한 날엔 뜨끈한 국밥을 찾는다. 보글보글 끓어오르는 국물 방울을 가만히 바라보고 있으면 마음 깊이 감춰둔 이름 모를 감정이 맺히다 함께 터져버리는 것만 같다. 금방 생겼다 이내 사라져버리는 국물 방울에 알 수 없는 어지러운 마음을 내어 맡긴다. 너도 함께 얼른 사라지라고.

  가운데 모인 거품을 한두 차례 걷어낸 후 조심스레 한 숟가락 국물을 삼킨다. 뜨끈한 국물이 식도를 타고 내리며 온몸에 온기를 퍼뜨린다. 추운 겨울, 꽁꽁 언 몸을 녹이기 위해 뜨거운 탕에 들어가는 것과 비슷한 이 느낌은 발가벗지 않아도 당장에 느낄 수 있는 간편한 따스함이다.

  '내가 채우고 싶은 건 고픈 배일까 주린 사랑일까?'

  우리 부모님은 주말부부였다. 건설 일을 하시던 아빠는 여름엔 무더위, 겨울엔 추위와의 사투를 벌이다 유일하게 쉬는 일요일 전날, 늦은 토요일 저녁이 돼서야 집에 돌아오곤 하셨다.

엄마는 아빠가 안 계시는 주중엔 외식은커녕 배달 음식도 안 된다고 하셨다. 홀로 타지에서 가족을 위해 애써 일하시는 아빠 없이 우리끼리만 맛있는 걸 먹어서는 안 된다는 이유였는데, 어쩐지 그런 엄마 말에 동의가 됐다.

일요일 점심, 아빠와 함께 외식할 때면 우리는 자주 국밥집을 찾았다. 한식 위주의 식사만 즐겨하시는 엄마는 못 드시는 음식이 많았다. 바닷가에서 나고 자랐는데도 날것은 전혀 드시지 못했고 닭고기 조금을 제외한 다른 고기도 대부분 드시지 않았다. 특히 향이 나는 음식이나 새로운 요리에 대해서는 조금의 흥미도 보이지 않으셨다.

타지 생활이 오랜 아빠는 전국 각지의 음식을 접하며 반 미식가가 되셨다. 특히나 본인이 맛있다고 느낀 음식은 종종 사 오시거나 근처 비슷한 식당을 찾아 우리도 먹게 하고 싶어 하셨다. 메뉴 선택에 있어 새로움을 추구하는 아빠와 익숙함을 벗어 버리는 게 어려운 엄마 사이의 미묘한 신경

전이 매주 반복됐다. 엄마를 향한 아빠의 비난이 불편했던 나는 그냥 얼른 국밥이나 먹으러 가자고 했다. 지난주와는 다른 국밥집에서 새로운 깍두기와 겉절이를 맛보면 그게 신메뉴이지 않겠냐며….

결국 그날도 우리는 국밥집에 갔고, 안타깝게도 갈등은 그곳에도 있었다. 메뉴를 주문할 때의 일이다. 아빠가 힘들게 번 돈으로 사 먹는 음식이 남는 게 아까웠던 엄마는 내게 국밥 한 그릇을 시켜 나눠 먹자고 하셨다. 아빠는 그런 엄마가 못마땅하셨고 차라리 그냥 남기라며 번번이 엄마를 나무라셨다.

몇 차례 부모님의 다툼이 되풀이되면서 더 이상 외식이 즐겁지 않았다. 그래서 어느 날인가부터 나는 내가 먼저 엄마에게 국밥 한 그릇을 나눠 먹자고 했다.

"엄마, 나 오늘 속이 좀 안 좋아서 그런데 나랑 나눠 먹으면 안 돼?"

"엄마, 아까 나 과자를 많이 먹어서 지금 밥이 별로 안 먹고 싶은데 오늘은 그냥 엄마 거 조금만 얻어먹으면 안 될까?"

비단 국밥집에서만 국한된 상황은 아녔고, 나는 대부분 이런 방식으로 엄마 아빠의 충돌을 막았다. 다행히 평소 가리는 음식 없이 아무거나 잘 먹는 나를 아빠는 예뻐하셨고 그런 내가 하는 말은 그냥 그러려니 속아주셨거나 어쩌면 정말 그렇게 생각하셨는지도 모르겠다.

'일주일에 한 번 아빠를 만나는 아이와 홀로 삼 남매를 돌보다 겨우 하루 남편을 만나는 아내, 가족 부양을 위해 밤낮없이 일해야 했던 아빠까지. 이들 중 어느 쪽이 더 힘들고 외로웠을까?'

어린 시절 기억을 더듬어보면 엄마의 불평불만 장면이 없다. 엄마는 언제나 주어진 상황에 자족하며, 매 순간 최선을 다하는 사람처럼 보였다. 때때로 아빠의 날 선 평가와 비난 섞인 말 앞에서조차 별말이 없던 엄마였다. 나는 엄마의 힘 듦을 어림짐작했고 엄마도 지키지 않는 엄마의 마음을 지켜 줘야겠다고 생각했던 것 같다.

그래서 '오늘 뭐 먹고 싶니?'라는 부모님의 질문에 그나마 모두가 큰 불만 없이 먹을 수 있는 국밥을 먹겠다고 자주 답했다. 그리고 그곳에서도 내 만족보다는 엄마가 속상해지지 않는 게 우선이라고 생각했다. 차마 국밥 한 그릇을 혼자 다 먹고 싶다는 말을 할 수가 없었다.

그리고 마침내 동생들 먹는 양이 늘어 내 몫의 한 그릇을 주문하던 날, 나는 국물 한 방울도 남기지 않고 깨끗하게 그릇을 비웠다.

온전한 한 그릇.

처음부터 마지막 한 숟가락까지 뭉근한 온기를 머금고 있는 국밥은 불안하고 서늘한 마음을 따스히 끌어안는 포옹 같다. 적어도 그 한 그릇의 시간만큼은 내 취향대로 속도와 방식을 결정해도 된다는 허용의 시간이니까.

이따금 마음이 헛헛하고 쓸쓸한 날엔 지금도 국밥집을 찾는다. 따뜻한 뚝배기에 서늘해진 마음을 기대고 마음이 다시 온기를 되찾을 때까지 계속해서 따스함을 삼킨다. 불뚝

나온 부른 배를 쓰다듬으며 '괜찮다고, 너 지금 안전하다'고
말해준다.

Question

◦ 당신의 마음을 채우는 음식은 무엇인가요?

◦ 당신의 국밥은 어떤 이야기를 담고 있나요?

안녕, 나의순간들

새로운 해석_ 혼밥。

혹 누군가 과거의 나에게 '혼(자)밥(먹는 것)'의 의미를 물었다면, 아마도 나는 '내가 혼자라는 사실, 또다시 외톨이가 되었다는 걸 상기시키는 순간'이라고 답했을지 모르겠다.

학기 초엔 분명 여럿이 몰려다니며 왁자지껄 밥을 먹었는데, 언제부턴가 제대로 된 영문도 모른 채 덩그러니 혼자 앉아 그날의 메뉴보다 주변 눈치를 더 살피기 바빴던 급식실. 혹시라도 나를 따돌리는 무리의 아이들을 마주칠까 두려워 밥과 함께 겁을 삼키던 장소. 이게 내가, 아니 내 몸이 기억하는 혼밥의 경험이다.

하굣길에 먹는 떡볶이를 좋아하던 여중생. 분식집 앞에 삼삼오오 모여 까르륵거리는 아이들 틈바구니에서 나만 혼자인 게 부끄러웠다. 먼발치에서 한참을 기다리다 다 불은 떡볶이를 받아 들고는 달리다시피 걸음을 재촉해 집으로 향했다.

차라리 내가 뭘 잘못했는지 정확하게 말해주면 좋았을 텐데…. 그래서 내게 만회할 기회를 줬다면 어땠을까? 안타깝게도 그중 누구도 나의 잘못이나 따돌리는 이유에 대해 명확하게 말해주지 않았다. 그저 '싸가지 없다', '재수 없다'라는 말만 되풀이할 뿐이었다. 하루아침에 혼자가 되었다는 사실로 인해 나는 나에게(만) 어떤 큰 잘못이 있다고 믿어버렸고, 아주 오래도록 그런 나 자신을 탓했다. 따돌림을 주동하는 요주의 인물들은 아예 내 존재 자체에 스크래치를 내기 위해 태어난 사람처럼 외모 비하는 물론이거니와 성적 수치심을 건드리는, 선을 넘는 말도 서슴지 않았다.

매 쉬는 시간마다 내 책상을 빙 둘러싸고 나를 욕하던 그 아이들 모두가 정말 나를 그토록 싫어했을까? 진짜로 나는 그렇게, 그 정도로 재수 없는 사람이었을까? 나와 사이가 좋지 않았던 몇 명만의 생각은 아니었을까?

회유도 해보고 사과도 해봤지만 아무 소용이 없었다. 정말 말도 안 되는 억측엔 맞서기도 했지만, 그 또한 아무런 의미가 없었다. 어느 날부터는 아무 대꾸 없이 일고여덟 명이 동시다발적으로 쏟아내는 오물 같은 더러운 말들을 그저

안녕, 나의순간들

듣기만 했다. 나의 어떤 반응에도 그들의 비난과 경멸은 멈출 줄 몰랐고 그냥 그렇게 나는 그런 상황을 체념해 버렸다.

'아, 얘네들은 애초에 관계 개선을 바란 게 아녔구나.' 매일 반복되는 모욕적인 순간이 쌓이자 어느새 그게 나의 일상이 되어버렸다. 쉬는 시간 종이 울리자마자 자리에 반듯하게 앉아 양손으로 책상을 꽉 잡고, 고개를 푹 숙인 채 어김없이 나를 찾아와 지치지 않고 쏟아내는 그녀들의 맥락 없는 단어 나열을 들었다. 얼른 다시 수업 시작종이 울리기만을 기다리면서.

스스로 나 자신을 지워야만 살 수 있었던 그런 날들은 정확히 기억이 나지 않을 만큼 오래 지속됐다. 그러던 어느 날, 같은 반에 소위 '논다'하는 잘 나가는 아이 하나가 "왜 쉬는 시간마다 남의 반에 와서 지랄이야, 한 번만 더 오면 아주 다 죽여버린다!"라고 소리쳤다. 말이 끝나기 무섭게 흩어진 아이들은 거짓말처럼 다음 날부터 우리 교실을 찾지 않았다. 물론 복도와 급식실, 등하굣길에서의 풍경은 여전했지만….

가끔 돌아가고 싶은 어린 시절이 있냐는 질문을 받으면, 나는 한 번도 그렇다고 답한 적이 없다. 그저 길고 지난했던 그 시간 동안 나쁜 선택을 하지 않고 여태 살아 숨 쉬고 있는 내가 대견하면서도 안쓰러울 뿐, 어느 한 장면도 다시 돌아가고 싶은 순간이 없기 때문이다.

고등학교 진학 대신 검정고시를 치르고, 또래보다 2년 일찍 대학에 입학하기까지의 과정 역시 만만치 않았다. 10대 시절의 나는, 어느 곳 하나 마음 붙일 곳이 없었다. 불안한 가정, 무서운 학교 그리고 꼴도 보기 싫은 나 자신까지.

망망대해에 떠 있는 돛단배처럼, 오롯이 혼자서 낯선 상황을 견뎌내야 했고, 무엇보다 나의 선택이 틀리지 않았음을 증명해야(한다고 생각) 했기에 늘 축축하고 질퍽한 기분이 들었다. 마침 그즈음 새로 이사 간 동네에서도 '혹시 문제 있는 애 아니야? 왜 이 시간에 학교를 안 갔어?' 하는 주변 어른들의 확신에 찬 의심의 눈초리, 그 차가운 편견과 불친절한 태도도 견뎌야 했다. 그런데도 그 모든 불쾌한 순간이 중학교 3년보다 낫게 느껴졌던 이유는, 드디어 내 존재를 파괴하는 그 아이들의 말에서부터 놓여났다는 해방감 때문이었다.

다행히 열여덟, 대학 생활은 가끔 그리워 생각이 날 만큼 재미있었다. 보통은 두 살, 많게는 열 살 가까이 차이가 나는 동기들이었지만, 상호 존중의 관계 속에서 나는 어렴풋이 사람에 대한 약간의 기대와 호감을 느끼게 됐다.

나를 괴롭게만 하던 '친구'라는 단어에 대한 새로운 정의를 갖게 해준 한 언니를 만나면서, 나는 더 이상 혼밥에 대해 걱정하지 않게 됐다. 심지어 내게 먼저 밥을 먹자고 얘기하는 이들이 하나둘 늘어가면서, 과거 사람으로부터 입은 상처를 새로운 사람과의 만남을 통해 벗을 수 있는 기회를 얻었다.

나를 '친구'라고 불러준 언니는 당장 TV속에 들어가도 부족함이 없을 만큼 예뻤다. 키도 훤칠해서 모델전공이 아니냐는 말을 들을 만큼, 빼어난 외모에 좋은 성격까지 가진, 그야말로 다 갖춘 사람이었다. 그런 사람이 내 곁에서 "꼭 나이가 같아야 친구가 아니야. 너는 친구 하고 싶을 만큼 충분히 좋은 사람이야"라고 끊임없이 이야기해 주었다.

우리는 기숙사 생활을 하다가 아예 둘이 자취를 시작했다. 닮고 싶은 점이 많은 멋진 언니가, 계속해서 나를 '좋은 사람'이라고 말해줬다. 언니의 말이 쉬이 믿어지진 않았지만, 정말이지 믿고 싶었다. 함께 산 2년 동안 한결같이 나를 지지하고 응원해준 언니 덕분에 스스로에 대해 새로운 해석을 하기 시작했다. 어쩌면 과거에 내가 혼자였던 이유가 전적으로 나에게만 있지는 않을지도 모른다는 작은 희망 같은 걸 발견하게 되었달까.

하지만 그런 따스한 날들을 보내는 와중에도 몸속 세포하나하나에 깊이 새겨진 '왕따'라는 감각은 습관처럼 언제든 다시 혼자가 될 준비를 하고 있었다. 여전히 사람을 완전히 신뢰하거나 의지하진 못했지만, 빼꼼히 열린 마음의 문앞에 쌓여가는 동기들과 보낸 즐거운 시간은 차츰 나를 홀가분하게 했다.

낯선 환경에서의 새로운 경험이 생각에 틈을 만들어, 그사이에 새로운 해석과 또 다른 좋은 경험을 자라게 했다. 나를 그토록 아껴주던 언니에게조차 툭 터놓고 말할 수 없었던 비참하고 수치스러운 과거의 기억들이 언제나 나와 함께였지만, 그래서 나를 자주 위축되게 만들었지만, 한편 새로운 사람들과 잘 지내는 꽤 괜찮은 나도 분명 그곳에 있었다.

과거 기억 속의 '친구도 없이 혼자 밥 먹는 불쌍한 나'와 주변 사람들과 더불어 잘 지내며 '혼자 밥도 먹는 나', 나는 이 둘을 어떻게 바라볼 것인가에 대해 나 자신에게 물었다.

'너는 너를 어떤 사람으로 기억하고 싶니?'

오랜 고민 끝에 나는 나의 부족함을 인정하기로 했다. 그러고 나니, 나의 모자람, 혹은 지나침으로 인해 마음 상했을 사람들에게 미안한 마음이 들었다. 그리고 많이 아팠던 어린 시절의 나 역시 그들의 모자람과 지나침으로 인해 더 이상 아파하지 않기를 바랐다.

더 이상 내게 '혼밥'의 의미는 '존재의 쓸쓸함'을 대변하거나 '나를 사랑하는 사람이 없다'라는 뜻이 아니다. '혼자 있을 수 있는 내면의 힘'이고, '선택'이다.

이렇듯 나에 대한 새로운 해석은 타인과 상황을 바라보는 시선을 바꾼다. 어떤 해석을 하느냐에 따라 이해하는 것과 받아들이는 것이 달라져 이전과는 다른 관점으로 세상을 바라보고 새로운 마음으로 사람을 대할 수 있게 된다.

사랑은 또 다른 사랑으로 잊힌다는 말처럼, 깨지고 부서진 관계 역시 또 다른 사람으로 회복된다. 그렇다고 해서 지옥 같았던 왕따 경험이 사라지는 건 아니지만, 그 기억을 덮고도 남을 만큼의 따뜻하고 의미 있는 만남들이 쌓여, 이젠 아픈 기억보다 좋은 경험의 시간이 늘어가고 있다.

혼자 먹는 밥도 맛있을 수 있다는 걸 알게 해 준 그녀처럼, 우리도 부디 누군가에게 그런 새로운 사람이길 바라본다.

Question

∘ 당신에게 '혼밥'이란?

∘ 혼자 밥을 먹을 때 느끼는 주된 감정(생각)은 무엇인가요?

달콤한 '척'하는_ 악마의 초코 잼。

(홈스테이 하우스에서 퍼먹던 초코 잼)

무슨 정신이었을까? 아는 이 하나 없는 낯선 땅 호주에 가게 된 건?

20살, 전문대 졸업과 동시에 호주 유학길에 올랐다. 중학교 영어 시간에 영어 좀 잘 배워둘걸…. 어차피 앞으로 한국에서만 살 건데 남의 나라말을 왜 배워야 하냐며 배움의 이유도 목적도 없이 시간만 때우던 그 시절을 얼마나 후회했는지 모른다. 알 수 없는 미래에 대한 근거 없는 확신이 얼마나 위험한지를 깨닫는 순간이었다.

말레이시아에서 6시간가량 경유를 하고 호주에 도착했다. 국제 미아가 되는 건 아닌가 싶어 얼마나 긴장을 했는지 총 스무 시간 남짓한 여정 동안 섭취한 거라곤 물 몇 모금이 다인데도 배가 전혀 고프지 않았다. 감정과 허기가 서로 연관이 있다는 걸 아마도 이때 처음 인지했던 것 같다.

모든 게 낯선 호주 공항이었다. 나를 픽업하러 온 유학원 담당자 차를 타고 약 한 시간을 달려 홈스테이 집에 도착했다. 파란 눈에 흰머리, 키가 190cm는 족히 넘어 보이는 한 아저씨와 검은 피부에 부리부리한 눈을 가진 작은 키의 아줌마, 그리고 티비에서나 보던 사람만 한 큰 개 두 마리가 있었다. 매끈한 피부를 가진 회색 개와 긴 털을 가진 검은색 개는 언뜻 보기에 홈스테이 주인 부부를 닮은 듯이 보였다. 홈스테이 서류 계약 당시, 귀여운 강아지 두 마리가 살고 있다고 했는데, 나만큼 큰 녀석들에게서 도통 귀여운 구석이라곤 찾아볼래야 찾아볼 수가 없었다. 살랑살랑 꼬리를 흔드는 걸로 보아 나를 반기는 듯했는데, 반갑게 인사하기엔 나는 이미 너무 놀랐고, 꽁꽁 얼어버렸다. 말만 할 줄 알았다면 '안녕히 계세요. 집을 잘못 찾은 것 같네요' 하고 싶었다. 안 그래도 낯선 땅에서 심지어 생전 처음 보는 크기의 개 두 마리와 같이 살아야 한다니 눈앞이 캄캄했다.

　유학원 담당자와 홈스테이 맘(mum)이 이런저런 이야기를 주고받는 동안, 나는 멋쩍은 미소를 지었고, 알아들을 수 없는 영어를 그저 소리로만 흘려들으며 비로소 '내가 호주에 왔구나'를 실감했다. 유일하게 나와 말이 통하는 유학원 담당자가 떠나고 대궐 같은 이층집에 들어섰다. 직사각형 형태의 긴 집이었는데 1층에만 방이 6개였다. 엄청나게 긴 식탁이 놓인 리빙 룸, 거실은 메인과 세컨으로 두 군데가 있었고, 부엌에는 큰 냉장고와 싱크대가 두 개씩 있었다. 1층에는 화장실이 세 개 있었는데 썬룸(오후에 햇빛을 받으며 차를 마시는 장소)을 지나면 탁구대와 운동기구가 있는 공간이 있었다. 며칠이 지나고서야 알게 된 사실인데, 부엌 옆 팬트리에 홈스테이생 전용 냉장고가 두 대나 더 있었다.

집도 크고, 개도 크고, 아저씨 키도 크고, 아줌마 눈도 큰…. 모든 게 큰 그곳에서 간단한 단어조차 알아듣기 어려운 나의 존재가 지구의 먼지만큼 작게 느껴졌다. 심지어 개가 짖는 소리도 못 알아듣는 것 같은 기분이었으니까….

늦은 오후가 되자 자기 키만 한 큰 가방을 멘 교복 입은 여자아이들이 하나둘 집으로 돌아왔다. 홈스테이 맘과 가벼운 인사를 나누고 1층, 2층 각자 방으로 흩어졌다. 그리고 마침내 저녁, 온 식구가 한 식탁에 모였다. 13명이 한 식탁에 마주 앉았다. "OH MY GOD!" 너무 충격적인 나머지 나도 모르게 영어가 튀어나왔다.

안녕, 나의 순간들

그녀들은 대부분 중국, 인도네시아, 말레이시아에서 유학하러 온 고등학생이었고, 한국에서 온 20살의 나를 무척 흥미로워하며 반갑게 맞아줬다(한창 슈퍼주니어가 세계적으로 유명해지고 있던 때였다).

홈스테이 집의 식사 풍경은 이랬다. 인원에 맞게 동그란 접시와 커틀러리(포크, 나이프 등등)를 자리에 세팅하고, 식탁 가운데에는 엄청나게 큰 그릇에 메인요리 두세 가지와 샐러드, 그리고 롱라이스로 지은 쌀밥을 산처럼 쌓아 놓았다. 뷔페처럼 각자 원하는 만큼 덜어 먹는 식이었는데, 홈스테이 가족들의 각자 일과를 나누는 시간이기도 했다.

나는 45kg 가냘픈 몸으로 첫날부터 밥을 엄청나게 많이 먹어 그들의 관심을 한 몸에 받았다. 그도 그럴 것이 소녀들은 대부분 음식을 개미 오줌만큼 먹었고, 걱정스러운 눈빛과 함께 "Are you OK with that?"을 연거푸 물었다. 멋쩍은 듯 나는 웃으며 "I'm fine. thank you"라고 답했고 천만다행인 건 아임파인땡큐 뒤에 'and you?'를 붙이지 않았다는 거다.

사실 내가 그렇게 많이 먹은 건 20시간 넘게 공복이었던 이유도 있었겠지만, 그들이 나누는 말을 전혀 못 알아들을 뿐더러 혹시라도 누가 내게 말이라도 시킬까 봐 두려워 쉴 새 없이 음식으로 입을 꽉 채워 말할 수 없는 환경을 창조해 내고 있었던 거다.

나는 그 집에서 유일하게 밥을 잘 먹는(많이 먹는) 아이였다. 한국에서 먹던 찰기 있는 쌀과는 다르게 후후 불면 날아가 버리는 길쭉한 long rice는 아무리 먹고 또 먹어도 배를 불리지 못했고, 나는 매일 저녁 계속해서 내 접시의 밥 쌓는 높이를 높여야만 했다.

아침 식탁은 조금 다른 풍경이었다. 부엌 한쪽엔 매일 아침 토스트와 밀크티, 시리얼을 먹을 수 있도록 준비가 되어 있었다. 한 번에 식빵 여덟 장을 구울 수 있는 여덟 칸짜리 토스터는 태어나 처음 보는 신기한 물건이었고, 나는 그때까지만 해도 빵으로 끼니를 때워 본 적이 없어서 아침으로 빵을 먹는 게 정말이지 곤욕이었다. 안 먹자니 종일 배가 고플 거고, 억지로 먹자니 영 내키지 않아 나는 한동안 늘 배가 고픈 오전을 보내야 했다.

점심은 전날 저녁에 메인 요리를 넉넉히 만들어 다음날 밥과 함께 도시락으로 싸줬는데, 랭귀지스쿨 점심시간에 먹던 도시락 맛은 생각나지 않고 그저 늘 모자랐던 기억만 남는다. 아무리 먹고 또 먹어도 배가 부르지 않던 날들, 그날 저녁에도 접시에 밥을 산처럼 수북이 쌓아 먹었다.

'똑똑'

좀 전에 전투적으로 먹는 나를 애처롭게 바라보던 옆방 아이였다. 양손 가득 간식거리를 가지고 내 방에 찾아왔다. 다 알아들을 수는 없었지만 (대충) 쓸쓸할 땐 달콤한 걸 먹으라는 말 같았다. 호주에서 유명한 과자 팀탐과 악마의 잼으로 정평이 나 있는 누텔라 한 병을 건넸다. (당시엔) 초콜릿을 그닥 좋아하지 않아 진심으로 고맙진 않았지만, 딱히 거절할 말을 몰라 연신 "땡큐"를 외쳤다. 한국에서 온 어리바리한 언니가 궁금한 인도네시아 부잣집 소녀는 앞으로 나를 잘 도와주겠다며 자기 방으로 돌아갔고 다시 혼자가 된 나는 그날 그 작은 방에서 악마를 만났다.

감정을 마비시키고, 감정으로부터 도망쳐 마음에 귀 기울이지 못하게 하는 작지만 강력한 달콤함이라는 악마. 달달함에 취해 외로운 마음과 두려운 감정을 잠시 잊었다. 그날부터 나는 외출하고 돌아온 이후에는 숟가락으로 초코잼을 퍼먹는 습관이 생겼다. 사람들과의 식사를 마치고 홀로 방에 있는 외로운 순간을 까맣고 강렬한 초코 친구들과 함께 보낸 거였다.

어떤 날은 지나친 달콤함에 몸서리가 쳐지기도 했고, 단 걸 하도 많이 먹어 토하는 날도 있었지만, 말이 통하지 않는 나라에서 나를 위로하는 방법으로 찾은 유일한 길이라 한동안 나는 그 행위를 반복하고 또 반복했다. 덤으로 나는 두 달 만에 +8kg이라는 악마의 선물도 얻었다.

어느 정도 사람들과의 소통이 가능해지면서 자연스레 까맣고 강렬한 친구들과의 거리를 둘 수 있게 되었다. 더 이상 외로움을 달래려 남몰래 혼자 초코잼을 퍼먹지 않았고, 대신 사람들과 함께 디저트로서의 초코를 즐겼다.

적당한 초코는 적절한 위로가 된다. 아직도 종종 이유 모를 외로움과 쓸쓸함이 몰려오면, 자연스레 단것 앞에 나를 데려다 놓기도 하니 말이다. 그러나 더 이상 내 몸과 마음이 마비될 정도의 달콤함에 나를 맡기지 않고, 대신 '나 지금 외롭구나' '나 지금 두렵구나' 하고 내 감정에 이름 붙이는 연습을 한다.

아무리 먹고 또 먹어도 배가 부르지 않던 그 시절에 나는, 아마도 배가 아닌 사람이 고팠던 것 같아서…

Question

◦ 외로움과 쓸쓸함을 달래주는 음식이 있나요?

◦ 당신은 주로 어떤 감정을 달콤함으로 지우나요?

단맛 🍴

내 생명과도 바꿀 수 있을 정도로
소중한 우리 딸의 삶에 내가 엄마로 함께할 수 있음이
얼마나 귀하고 감사한 일인지.

나는 더 이상 부풀어 오르는 게
눈에 보이는 마카롱을 굽지 않아도,
반복되는 일상의 소중함과 의미를 알게 됐다.

자존감 찾기,

존재감 올리기, 마카롱

자극을 조절하는 힘 – 쏸라탕。

　호주에서 처음 만난 한국인과 먹은 첫 번째 음식은 태국 전통 음식 똠얌꿍이었다. 지금은 즐겨 먹는 음식이지만 당시만 해도 대단히 큰 문화적 충격을 받았다. 빨갛고 뜨거운 국물에 파인애플과 토마토라니. 다시 생각해도 생소하다 못해 놀라운 음식이었다.

　낯선 땅 호주에서의 몇 달이 지나고 있었다. 차차 적응할 만도 한데 자유로워 보이는 사람들 속에 나는 여전히 홀로 얼어 있었다. '제발 아무 일도 일어나지 마라', '아무도 말 걸지 마라'를 주문처럼 외우면서, 시티 지도를 더듬어보며 약속 장소로 향했다.

　얼마 전 교회에서 만난 한 살 많은 언니와의 만남이었다. 쉐어 메이트(한 집에서 살며 거실과 화장실을 공유하는)언니와 친구이기도 한 그 언니는 조막만 한 얼굴에 늘씬한 몸매, 새하얀 피부에 예쁜 미소를 가졌다. 여자인 내가 봐도 반할 정

　　　　　　　　　　　　　안녕, 나의순간들

도로 예쁜데다 성격은 또 어찌나 좋던지, 저런 여자친구를 사귀는 남자는 어깨에 힘 좀 들어가겠다 싶었다.

언니들은 오늘따라 중국 쓰촨 음식이 당긴다며 차이나타운으로 걸음을 옮겼다. '한국에서 연예인 제의 받지 않았을까? 아니면 연예인 지망생인가? 저 언니는 호주에 왜 왔지? 전공이 뭘까?' 셀 수 없는 물음표가 머리를 둥둥 떠다녔지만 하나도 묻지 못했다. 단순한 내 호기심이 아직 그다지 친분이 없는 상대에겐 실례일 수 있겠다는 생각이 들어서였다. 더욱이 조금 전까지 '아무도 내게 말 걸지 마라'를 주문처럼 외우던 나니까.

식당에 가까워져 갈수록 예쁜 언니들이 먹는 음식은 왠지 특별한 음식일 것 같다는 마음에 점점 더 기대가 커지고 있었다. 잘 들리지 않는 영어만 오가는 거리를 지나 이젠 아예 한마디도 알아들을 수 없는 중국말 천지, 차이나타운에 들어섰다. 좁은 골목 여럿을 지나 붉은색 벽돌로 지어진 건물에 들어갔다. 한 사람이 겨우 지나갈 만한 좁은 계단을 오르고 또 올라 마침내 식당 안에 들어섰을 때, 걸어오며 상상했던 음식은 아니란 걸 직감했다. 어쩐지 지난날의 똠얌꿍이 떠올라 살짝 웃음도 났다. 물론 당황스러운 웃음.

　예쁜 언니가 내게 매운 음식을 잘 먹느냐고 물었다. 본래 매운 음식 마니아인 나는 언니들이 소화 가능한 정도의 맵기로 시키면 된다고, 나는 심하게 매운 음식도 별로 매워하지 않고 잘 먹는다고 답했다. 언니는 그동안 내가 즐겨 먹던 매운맛과는 사뭇 다를 거라고 했지만, 어차피 통각이니 거기서 거기 아니겠나 하는 뭣 모르는 생각을 했다 내가.

　곧이어 주문한 음식이 나왔다. 지난번엔 태국, 이번엔 중국. 내가 있는 이곳은 어딜까? 호주가 아시아에 속하긴 했지만 이렇게 내내 아시안 푸드만 먹을 줄은 몰랐다. 첫 번째 음식은 큰 접시 한가득 기름에 튀긴 빨간 고추와 가운데에 작은 치킨 조각, 그 위에 튀긴 캐슈넛이 올려져 있었다. 두 번째 음식은 어릴 적 풀피리를 불 때 뽑아 쓰던 이름 모를 풀처럼 생긴 풀(채소) 볶음이었다. 그리고 대망의 주인공, 빨간 고추기름이 둥둥 뜬 국물에 연두부와 죽순, 숙주가 보였다. 어째 음식들이 하나같이 먹음직스러워 보이지 않았다. 그러나 진짜 문제는 향이었다. 특히 연예인 같은 언니가 좋아하는 음식이라는 쏸라탕(Hot and sour soup)[1]에서는 흡사 시골 할머니 집에 있는 나무 장롱에서 맡아본 것 같은 케케 묵은 쉰 냄새가 났다.

'우웩. 저렇게 뽀얗고 예쁜 연두부 같은 언니가 이런 쉰내 나는 잔반을 모아둔 듯한 음식을 먹는다고? 아니, 좋아한다 고?'

그랬다. 호주에서의 나날은 날마다 새롭고 충격적인 일들 로 가득했다. 특히 음식에 관해서는 더욱. 온갖 것이 뒤섞여 향마저 독특한 음식 쏸라탕. 내일을 알 수 없어 막막하기만 하던 그날의 두려움과 불안을, 맵고 시고 달고 짜고, 아무튼 세상 모든 자극적인 맛이 느껴지는, 그러나 딱히 뭐라 설명 하기 어려운, 도대체 무슨 맛인지 알 수 없는 그 음식과 함 께 삼켰다.

---

1) 돼지고기, 두부, 죽순 등을 넣고 시큼하고 매콤하게 끓인 중국식 탕 요리이다. 중국어로 '쏸라탕'이라고 하는데, '쏸(酸)'과 '라(辣)'는 각각 '시다', '맵다'라는 뜻을 가진다. 중국 쓰 촨 지역의 요리로 분류되며 중국에서는 주로 식사 마지막에 소화를 돕기 위해서 먹거 나 식욕이 없을 때 찾아 먹는다.

어쨌거나 지금 나에겐 이상한 음식이지만, 어떤 이에겐 특별한 날 누군가에게 대접하고 싶은 음식이라니까. 내 삶도 언젠가 이렇게 뭐라 한마디로 딱 정의 내릴 순 없더라도 그 나름 의미 있는 완성이 되지 않겠나 생각하며. 언니들의 즐거운 식사를 망치지 않기 위해 필사적으로 참았다. 쓰촨 음식의 매운맛은 전혀 문제가 아니었다. 다만 코를 찌르는 고약한 냄새와 흐물거리는 식감의 건더기들, 정말이지 구토를 유발하기 최적의 조건을 갖춘 음식이었다. 그래, 그 쏸라탕이 문제였다. 언니들은 잘못이 없었다.

충격적이도록 강렬한 음식이었지만 언니들 앞에서 잘 먹는 모습, 까탈스럽지 않은 모습을 보여 호감을 얻고 싶었고, 대접하려는 그 마음이 고마워 최선을 다해 숟가락과 젓가락을 바삐 움직였다. 그 결과 혀가 마비된 건지 코가 기능을 상실한 건지 아무튼 먹다 보니 배가 불렀다.

우리는 점차 가까워졌고 그날 이후에도 종종 쏸라탕을 먹었다. 오래된 장롱 냄새는 여전했지만 어쩐지 시큼 맵싸한 맛이 나쁘지 않았고, 한국에 계신 할머니 생각도 났다. 적어도 더 이상 토할 것 같진 않았고, 몇 년 후 나도 누군가를 데

려갔던 기억이 있다.

좋은 관계를 맺고 싶어 억지로 먹었던 음식이 좋은 추억으로 남게 된 이유는 뭐였을까? 정말 그 음식이 특별해 마침내 그 맛을 알게 돼서였을까, 아니면 순전히 그 음식을 함께 나눈 사람 때문이었을까? 새롭고 독특한 사람이나 음식을 만나면 아직도 한 번씩 그날의 하얗고 예쁜 언니와 빨갛고 쉰내 나는 쏸라탕이 떠오른다.

그만의 독특한 매력을 내가 아직 모를 뿐, 사람도 음식도 언젠가 좋아하게 될 수도 있을 거라는 기대를 가져본다. 한번 만나서는 알기 힘든 쏸라탕의 매력처럼.

Question

◦ 당신에게도 음식에 관한 조금 특별한 사건이 있나요?

◦ 토할 것 같은 음식, 버거운 상황에 당신은 어떻게 대처하나요?

특별한 순간, 차이 라떼。

　남편과 단둘이 행복하게 지낼 신혼을 꿈꿨다. 우리는 교회에서 처음 만났다. 알고 지낸 지는 조금 더 됐지만, 정식으로 교제를 시작한 지 4개월 무렵 프러포즈를 받았다. 그리고 그 순간, 나는 이미 그와 사귀기로 한 때부터 이 사람과의 결혼을 생각하고 있었다는 사실을 알았다.

　모든 결혼 준비를 마친 뒤 '형식상 하는 프러포즈'는 별 의미가 없다고 생각했다. 웨딩 일을 하면서 심심찮게 듣던 말 중 하나가 "저 아직 프러포즈도 못 받았어요!"였다. 날은 이미 정해졌고, 그 중엔 벌써 혼인신고까지 한 커플들도 있었는데, 이제 와 하는 프로포즈가 무슨 의미가 있는지 모르겠다는 생각을 했다. YES or NO, '선택'이 가능해야 그게 진짜 프러포즈가 아닌가 하는 생각을 하며 살았고, 지인들에게도 나의 이런 생각을 말하곤 했었다.

　그러다 정말로 뜬금없는 타이밍에 "나랑 결혼 해줄래?"라는 질문을 받았다. 눈치가 한 백 단쯤 되는 나라서, 혹시라도 남자친구가 이벤트를 하면 '나는 어떻게 속는 척을 하지? 얼마큼 놀라야 자연스러울까?' 그 적절함에 대해 고민도 했었다. 그러던 어느 날, 정말이지 한 치도 예상치 못한 완벽하게 서프라이즈한 순간을 맞았다.

대단한 내 착각을 깬 사건의 전말은 이렇다. 하필 12시간이나 일한, 세상 추레하고 피곤한 날, 프러포즈를 받았다. 나와 결혼해 줄 거냐는 남자친구의 질문보다 그 말을 듣고 앉아 있는 현재 나의 꼴이 더 놀라웠고, 좀 전에 받은 따끈따끈한 프러포즈는 '다음 기회에…'라는 말과 함께 잠시 돌려주고 싶었다.

종일 비가 내렸다. 실내에서만 하루를 다 보낸, 비를 좋아하는 날 위해, 가로등 아래 잠시 차를 세우고 빗소리를 들을 수 있도록 배려해줬다. 평소 좌석 앞 선바이저에 있는 거울을 펴 얼굴을 확인하는 습관이 있었는데 그날도 별생각 없이 창밖을 바라보다 거울을 폈다.

'달랑~'

안녕, 나의순간들

"엇, 깜짝이야"

얇은 줄에 묶인 동그랗고 반짝이는 무언가가 시계추처럼 내 눈앞에서 왔다 갔다 했다. 조용히 함께 빗소리를 듣고 있던 남자친구가 갑자기 바스락거리며 주머니에서 무언가를 꺼냈다.

이름하여 청. 혼. 편·지.

그는 한 글자 한 글자 진심을 담은 편지를 읽기 시작했다. 얼마나 많은 시간을 들여 글을 완성했을까…. 가만히 그의 음성에 귀를 기울였다. '지금이다. 내가 울어야 할 타이밍.' 도입부를 지나 점점 빌드업되어가는 편지를 들으며 울어야 할 때를 직감했지만, 왜 때문인지 우는 건 내가 아니라 그쪽이었다.

"나랑 결혼해 줄래?"

"음… '아니, 왜 하필 오늘 인거야…? 이렇게 초췌하고 피곤한 날, 유독 못생기고 별로인 날, 이렇게 기발한, 진짜 놀

랄만한 서프라이즈를 받아야 하는 거냐고…. 내일 할 순 없었던 걸까?'응.. 고마워..근데.. 하필 오.."

입 밖으로 튀어나오려는 진심을 얼른 손으로 막았다. 내 나름 프러포즈에 대해 그려본 그림이 있었고, 언젠가 그런 질문을 받게 되면 살짝 수줍은 듯 웃어 보이며 "으응…. 고마워" 하고 너른 그의 품에 폭 안기는 상상을 했는데…. 얼굴에 화장기 하나 없이 기름만 잔뜩 끼고, 머리도 떡이 진 상태에 이대로 안겼다간 의도치 않게 정수리 똥내 공격을 하게 될 판이라니.. 어제도 있었고 내일도 있는데 왜 하필 오늘인 건지...

내 상태만 보면 여러모로 아쉬운 프러포즈였지만, 이런 내 꼴을 보고도 프러포즈를 망설이지 않은 그라고 생각하니 적어도 앞으로 내 외모 때문에 나를 대하는 그의 태도가 확 변하진 않을 거라는 믿음이 생겼다.

본인이 쓴 편지에 감동해 눈물을 흘리는 남자와 최대한 내가 얼마나 감동했는지를 보여줘야 할 것 같아 내 DNA 어딘가에 있을지 모를 연기력을 찾고 앉아 있는 여자, 둘은 그렇게 서로를 바라보고 있었다. 그의 어깨 넘어 보이는 창밖의 비가 반짝이는 걸 보니 내 눈에도 눈물이 고인 것 같았다. 남자친구가 기대한 반응이었는지는 모르겠지만 어쨌거나 감동한 모습을 보긴 했겠구나 싶어 마음이 조금 놓였다.

평소 퇴근이 늦던 날 들르던 카페로 자리를 옮겼다. 그리스 사람들이 운영하는 카페였는데, 화려한 디저트와 맛있는 케이크가 쇼케이스 가득한 유명한 카페였다. 밤이 늦은 시간인데도 여느 때와 같이 많은 사람들로 북적였다. 자리를 잡고 앉아 그는 Long black을 나는 chai latte[1]를 주문했다. 그러고 보니 우리가 처음 교회 밖에서 만났던 카페도 이곳이었다. 특별하지 않은 보통의 메뉴였지만 첫 만남과 프로포즈, 우리의 여러 '처음'이 담긴 것 같아 어쩐지 좀 특별하게 느껴졌다.

알싸한 생강 향과 계피 냄새가 코끝을 간질였다. 치과 냄새와 비슷한 차이라떼는 함께 일하던 동료 덕에 알게 된 음료였다. 그녀는 아침엔 커피 한잔, 오후엔 꼭 차이라떼를 마

---

1) 인도에서 유래된 향을 첨가한 차 음료. 같은 강한 홍차에 우유를 넣고 카다멈, 계피, 생강, 정향, 후추 따위의 향료 혼합물과 설탕을 첨가하고 손 냄비에 끓여낸다.

셨다. 점심 식사 이후 양치질을 하는 한국인들과 달리 가글을 하거나 그마저도 하지 않는 외국인 친구 중 한 명이라, 혹시 그래서 치과 냄새나는 차이 티를 마시는 걸까? 하는 엉뚱한 상상을 했었다.

하루는 친구가 내 몫의 차이 티 한 잔을 가져왔다. 결코 내돈 주고는 사 먹지 않을, 냄새만으로도 치과의 악몽을 떠올리게 하는 음료. 그래도 친구의 성의를 생각해 홀짝홀짝 맛을 봤다. 대충 몇 모금 마시고 몰래 버려야겠다고 생각했는데 그날따라 그 친구가 내 앞에 자리를 잡고 앉아 이야기보따리를 풀어놓는 통에 본의 아니게 온전한 한잔을 다 마시게 됐다.

분명 썩 기분 좋은 향이 아니었는데, 달달해서 그런지, 아니면 좋은 사람과 나눈 시간 때문이었는지, 치과의 악몽이 흐릿해지는 것도 같고, 피로가 조금 풀리는 느낌마저 들었다. 아무튼 싫지 않았다. 12시간을 일하는 목요일과 금요일, 피로가 몰려오는 저녁 브레이크타임엔 친구와 둘이 커피 대신 차이라떼를 마셨다. 그리고 비 내리던 프러포즈 날 밤, 같은 이유로 나는 차이라떼를 또 주문했다.

네 번째 손가락에 끼워진 작고 반짝이는 낯선 물체를 엄지손가락으로 살살 건드리며 내일의 우리에 대해 많은 이야기를 나눴다. 있는 그대로의 나를 사랑한다는 그의 고백이, 상처와 아픔 범벅인, 그래서 별로 좋아하지 않던 나 자신을, 적어도 그 순간만큼은 특별하고 소중하게 느끼게 했다. 아직 반쯤 남은 차이라떼를 마시며 조금 더 오래 특별한 사람이고 싶다는 생각을 했다.

차이라떼와 프러포즈, 여전히 선명한 과거의 아픔과 슬픔도 이 사람과 함께라면, 지금보다 훨씬 더 옅어진 기억으로 떠올릴 수 있게 되지 않을까…?

◦ 싫어했다가 좋아하게 된 음식이 있나요?

◦ '고백'(propose)하면 떠오르는 음식은?

안녕, 나의순간들

자존감 찾기, 존재감 올리기, 마카롱.

첫애를 낳고 정신없는 매일을 보냈다. 한 생명이 내 인생으로 들어오는 사건은 말로 다 표현할 수 없을 정도의 신비로움이자 패닉 그 자체였다. 타고나기를 기질적으로 예민하게 태어난 첫째는 도통 잠이라고는 없는 신기한 아기였다. 육아서에 나오는 신생아는, 대부분 시간을 자는 데 쓴다던데 왜 우리집에는 그런 아기가 없던 걸까? 난 무얼 낳은 걸까?

잠. 밥. 쉼. 한 글자 단어들이 내 '삶'에서 사라지고 있었다. 태어난 지 백일 정도 지난 아기가 스스로 잠드는 법을 터득한다는 '백일의 기적' 따위는 애초에 포기했고 '백일의 기절'이나 하지 않기를 바랐다.

출산 과정이 순탄치 못했던 탓에 몸에 심한 열상을 입었다. 조리원도 없고, 산후조리라는 개념 자체가 없는 호주에서의 출산은 여러모로 쉽지 않았다. 하루 꼬박 진통하느라 녹초가 된 내게 미드와이프(조산사)는 수고했다며 시원한 애플 주스 한 잔을 가져다줬다. 몸조리는 고사하고, 잠시의 쉼도 없이 방금 막 태어난 따끈따끈한 아이와 함께 병실로 옮겨졌다(아픈 아이를 제외한 모든 신생아는 모자동실이 원칙이다). 이제부터 오롯이 내 힘으로, 우는 것 말고는 스스로 아무것도 할 수 없는 아이와 내 몸뚱어리를 동시에 살펴야 했다. 하루의 소중함과 매일의 기쁨을 누리라고 태명을 '하루'라고 지었는데 아직 이름이 정해지기 전, "하루야~" 하고 아기를 부를 때마다 도대체 '먹이고, 재우고, 기저귀 갈고, 씻기고'가 무한 반복되는 나의 이 하루는 언제 끝이 날까 싶었다. 맘껏 앉지도 서지도 눕지도 못하는 상처 난 몸을 하고, 아직 스스로 할 수 있는 게 아무것도 없는, 전적으로 내게만 의존하는 한 생명을 책임져야 한다는 현실이 엄청나게 느껴졌다.

  하루가 더욱 길게 느껴진 건 젖몸살이 시작된 후였다. 40도는 우습게 넘어가는 열, 모유 수유 중이라 약도 함부로 먹지 못하고, 온갖 민간요법을 동원해 최소한의 해열제로 버티기를 십수 일. 임신했을 때 찐 16kg 정도의 살이 출산 후 3주 만에 -19kg이 됐다. 가슴에 옷이 스치기만 해도 온 신경이 곤두섰고, 어디에 닿기라도 하는 날엔 기절할 듯이 아파 그냥 눈물이 줄줄 흘렀다. 십 년이 지난 지금도 젖몸살을 떠올리면 온몸의 신경이 쭈뼛 설 만큼 정말로 호된 젖몸살을 앓았다.

엄마 몸에서 나오는 모유로만 살아갈 수 있는 생명, 나의 고통보다 아이의 배고픔이 더 중했기 때문에, 얼마나 아플지 알면서도, 수유 시간이 되면, 이를 꽉 깨물고 흐르는 눈물을 닦으며 아이에게 젖을 물렸다. 내 인생 최고로 날씬하던 때. 마침내 꿈꾸던 아이돌 허벅지를 갖게 됐지만, 몸과 함께 정신이 말라가고 있었다.

출산한 지 약 한 달 정도 지났을 때 한국에서 여동생이 왔다. 문을 열고 들어오다 말고 서서 아기를 안고 있는 나를 보고는 울기 시작했다. 당황한 나는 왜 우냐 물었고, 동생은 이렇게 말했다. "언니가 너무 불쌍해서…"(너무 거지 같아 보여서라고 했던 것도 같은데 기억이 가물가물하다).

아이를 낳고 내 삶에 사라져가는 한 글자가 있었던 반면, 젖. 잠. 쉬. 똥. 토와 같이 전부가 되어버린 '새로운 한 글자'도 있었다. 하루하루 아이가 얼마나 먹는지, 싸는지, 자는지 온통 아이의 생리현상에만 집중된 나의 매일이었다.

아이를 돌보는 그것밖에는 아무것도 할 수도 없고, 알 수 없는 나였다. 나는 점점 나의 쓸모를 잃어가는 느낌이었고, 세상 가장 소중한 한 생명의 엄마가 되었다는 황홀한 감격과 동시에 나라는 존재의 증발을 불안해하는 혼란 속에 있었다.

'무언가 눈에 보이는 결과를 내고 싶어!'

그렇게 나의 마카롱 굽기가 시작됐다. 벌써 십 년도 더 전의 일이라 지금처럼 마카롱이 흔할 때도 아녔고, 나름 고가의 디저트라 내겐 아무 때나, 아무렇게 사 먹기 쉽지 않은 디저트였다.

크기에 비해 높은 몸값을 자랑하던 귀하신 몸. 색도 곱고 동글동글 모양도 예쁘지만, 온도와 습도의 영향을 많이 받는, 깨지기 쉬운 약하고 예민한 마카롱. 어쩐지 너무 소중하지만 도통 잠이 없어 나를 당황케 하는 내 딸 같았다.

원데이 클래스에 다녀와 거의 매일 마카롱을 구웠다. 집에 가서 혼자 만들면 한 번에 쉽게 되지 않을 거라고 하셨는데, 나는 처음부터 곧잘 만들어냈다, '역시, 나는 못 하는 게 별로 없구나' 하고 자신감이 좀 오를라치면, 곧바로 망(한 마)카롱을 마주해야 했다.

다양한 색과 맛의 마카롱을 만들기 위해 레시피도 바꿔보고 방법도 바꿔가며 연습의 연습을 거듭했다. 마카롱이 잘 만들어진 날엔 아이도 잘 자고 내 하루도 평온한 듯했다. 그러다 또다시, 자신감이 좀 오를라치면 '응, 넌 아직 초보 엄마야'라는 걸 알려주기라도 하듯 망카롱이 되었다. 누가 보면 조만간 디저트 가게 오픈 준비 중이냐고 할 정도로 아이를 둘러업고 열심히 마카롱을 구워댔다.

버리는 것도 한두 번이지 완벽하진 않지만, 먹는 데 지장 없는 마카롱을 챙겨 엄마들 모임에 들고 나갔다. "어머~ 이거 너무 맛있다", "대박~ 진짜 만든 거야? 파는 거 아니야?" 또래 아이를 키우는 엄마들은 대체 언제 시간이 나서 이런 걸 만드는지, 어떻게 만드는지 궁금해했다. 그리고 그들 표정을 통해 내 마카롱이 제법 마카롱답다는 걸 알 수 있었다. 어디 내놔도 손색없는 정도의 마카롱은 된다는 사실 말이다.

돌아보니 나의 육아도 그랬다. 일희일비하지 말자 다짐했지만 거의 매일이 그랬다. 당장 눈에 보이지 않는 결과들에 마음이 조급해지고 불안해졌다. 흰자 머랭을 올리고, 오븐 속 꼬끄(프랑스어로 껍질이라는 뜻. 과자에 해당하는 부분)가 부풀어 오르는 걸 눈으로 보고 나서야 마음이 잠시 놓였다. 두 개의 꼬끄 사이에 필링을 넣고, 마침내 원하는 마카롱이 완성돼, 누군가 맛있게 먹는 모습을 보면, 그제야 나도 조금 기뻤고, 안심했다. 그리고 내일의 마카롱을 기대했다.

아이를 돌보는 것 외엔 아무런 나의 쓸모를 느끼지 못하던 시절, 마카롱을 만들며 나의 존재감을 확인했다. 그리고 모든 과정을 통해 내가 배운 건, 달걀흰자와 설탕, 슈가파우더와 아몬드 가루를 적당하게 섞는(마카로나주) 작업을 잘 해야 한다는 것이다. 오븐 온도나 실내 습도도 중요하고, 속을 채워 넣을 필링재료도 중요하고, 마지막 포장하는 과정까지. 재료 하나 과정 하나 그 어느 것 하나 중요하지 않은 게 없고, 소홀히 해도 되는 과정은 없다는 거다.

당장 손에 잡히는 결과가 없는 육아. 아이를 먹이고, 씻기고, 입히는 모든 과정이 끝도 없고 큰 의미마저 없게 느껴질

안녕, 나의순간들

수 있지만, 결국 아이의 내일을 만드는 중요한 과정이라는 것. 하나하나 소중하지 않은 순간이 없고, 대충 넘어가도 되는 시기가 없다는 사실을 깨달았다.

평생을 통틀어 가장 큰 변화를 이루는 시기 생후 일 년, 마카롱을 만드는 것과는 가히 비교할 수도 없는 엄청나고 특별한 일이었다. 아이와 함께 보내는 모든 시간은 그렇게 소중하고 의미 있는 시간이었다.

내 생명과도 바꿀 수 있을 정도로 소중한 우리 딸의 삶에 내가 엄마로 함께할 수 있음이 얼마나 귀하고 감사한 일인지. 나는 더 이상 부풀어 오르는 게 눈에 보이는 마카롱을 굽지 않아도, 반복되는 일상의 소중함과 의미를 알게 됐다.

그리고 아직도 가끔, 오븐 앞에서 나를 찾기 위해 애쓰던 시절과 마주한다. 그리고 기억한다. 내 삶에 의미 없는 순간은 없다고.

Question

◦ 누군가의 시간이 담긴 음식을 선물 받아 본 적이 있나요?

◦ 나의 존재감을 느끼게 해 준 음식이 있나요?

안녕, 나의순간들

터질 것 같은 마음을 달랠 땐, 탄산음료.

　화가 머리끝까지 찼다. 과거엔 화가 '난다' 혹은 '났다'라고 생각했던 것 같은데 이제는 몸 어딘가에서 생겨난 화가 점점 자라나 내 안을 가득 채우는 것을 느낀다.

　정서 중심 상담을 가르치시는 한 교수님께서 사람은 생각만으로 화가 나거나 우울해지지 않는다고 하셨다. 그 생각에 우리의 감정, 정서가 동(動)할 때 우리는 그 상태를 화가 나거나 슬프다고, 혹은 힘들다고(실제 육체의 고단함을 제외한) 생각하게 되는 거라고 하셨다. 그리고 실제로 그건 생각하는 게 아니라, 느끼는 거라고 하셨다.

　'생각하고 느끼는 것의 차이는 뭘까?'

　어렴풋이 둘의 다름을 알아가고 있다고 생각할 즈음, 교수님의 이야기를 통해 나는 아직도 잘 느끼지 못한다는 사실을 알게 됐다. 아니, 좀 더 솔직해지자면, 느끼지 않기 위해 노력하고 있었다.

그렇다면, 느끼는 건 뭘까?

쌍둥이 아들의 꼬꼬마 시절, 남편이 한 녀석에게 "저기 있는 콜라 한 병 가져다줄래?" 하고 부탁한 적이 있었다. 아빠를 위해 무언가 할 일이 생긴 아이는 지구를 구하러 나서는 영웅이라도 되는 듯 가슴을 한껏 부풀리며 비장한 표정을 지었다. 팬트리에 있는 콜라를 찾아 손에 들고는 (잠시 다른 일을 하느라) 2층에 가 있는 아빠를 찾아 신이 나 계단을 뛰어오르기 시작했고, 때마침 1층으로 내려오던 아빠와 중간에서 만났다. 한껏 미소를 머금고 '어서 나를 칭찬해 주세요'라는 표정을 짓는 아이를 보는 남편의 얼굴이 흐뭇해 보였다. 이내 아이를 그 큰 품에 가득 안고는 "고마워, 이제 정말 엉아(형)가 다 됐네"라고 아이를 흠뻑 칭찬했다. 지켜보고 있는 내가 다 행복해질만큼.

그러나 행복도 잠시, 아이가 어떤 모양새로 콜라를 들고 왔는지 보지 못한 남편은 잠시 뒤 본인에게 닥칠 일은 상상도 하지 못하는 것 같았다. 그렇게 1막, 행복장이 끝나고 혼돈이 가득할 2막이 올랐다. 양껏 흔들린 콜라는 빵빵하게 부풀어 폭발하기 일보 직전이었고, 모든 피해는 이번 장의 주인공 남편의 몫이 될 참이었다. 그리고 나는 그때, '어쩌면 아이가 아빠에게 혼이 날지도 모르겠다'라는 걱정을 조금 했다.

"치 이익-!!!"

소리와 함께 남편의 흰옷이 얼룩지기 시작했고, 곧이어 손, 얼굴, 몸 전체가 콜라로 범벅이 됐다. 악당을 물리치고 돌아온 히어로 같던 아들 표정이 순식간에 일그러졌고 이 모든 상황이 재밌어서 혼자 키득거리며 웃던 나도 순간 긴장했다.

콜라를 뒤집어쓴 아빠의 모습이 웃기기도 하면서, 무언가 잘못됐음을 직감한 아이는 금방이라도 눈물을 쏟을 것 같은 혼란스러운 얼굴을 하고 있었다. 그 순간, 아빠에게 혼이 날까 봐 겁먹은 아이를 알아차린 남편이 갑자기 깔깔거리며 웃기 시작했다.

"하하하. 아빠 좀 봐~ 콜라 사람이 됐어~ 웃기지? 우하하. 우리 아들 콜라를 엄청나게 흔들었구나?"

'엇.'

전혀 예상하지 못한 전개였다. 다정하고 따뜻한 남편이라 아이를 모질게 대하지 않을 거라는 믿음은 있었지만, 당황한 아이가 놀라지 않도록 먼저 웃어 보일 줄은 미처 상상하지 못했다. 그는 내가 알고있(다고 생각하)는 것보다 훨씬 더 깊고 넓은 사람이었고, 도리어 아이의 실수를 대하는 남편의 모습을 통해 내가 위로받는 기분이 들었다. 그렇게 한바탕 아이와 웃고 나서, 남편은 반 정도 남은 콜라를 맛있게 먹고는 "아들 고마워~" 인사를 전하고 씻으러 갔다. 지금 이 상황이 어색한 건 나뿐이었고, 아이는 곧바로 무슨 일이 있었냐는 듯 즐겁게 놀이를 이어 갔다.

'아 이런 거구나….'

잔뜩 흔들린 콜라처럼, 긴장, 실망, 슬픔, 분노 등 부정적인 감정이 나를 꽉 채워, 견디다 못해 터져버릴 때, 비난이나 처벌 대신 그 상황을 같이 안타까워하며 곁을 지켜주는 누군가가 있을 때, 비로소 그 부정적인 감정이 해소되는 거구나. 그런 이해와 사랑을 받아본 사람은, 훗날 누군가에게 그것과 닮은 친절과 아량을 베풀 수 있는 사람이 되는 거구나. 이런 게 바로 '사랑의 순환'이 아닐까 싶었다.

이후로 남편은, 아이들 손을 거쳐오는 모든 탄산음료를 조심스럽게 열었는데, "쉬이-익" 새어 나오는 탄산 소리를 듣고, 눈으로 확인하며 완전히 열어도 될 때를 가늠하곤 했다. '이번에도 흔들고 가져왔니?'라고 묻는 대신 스스로 조절하기를 택했고, 남편의 이런 지혜로운 처사 덕분에 아이들의 뿌듯함에 흠집이 나지 않았다. 병뚜껑을 천천히 시간을 두고 여는 남편을 보며, 내 안에 꽉 찬 슬픔과 불안, 원망과 분노를 어떻게 다루면 좋을지에 대한 힌트를 얻었다.

콜라 사건 이후로, 종종 부정적인 생각이 나를 가득 채워 '빵' 하고 터져버릴 것 같은 날이면, 얼른 탄산수를 한 병 집어 들고 위아래로 세차게 흔들었다. 부풀대로 부풀어 빵빵해진 병을 나라고 생각하면서 손에 전해지는 팽팽한 긴장을 느낀다. 그리고 더 이상 들이마실 수 없을 때까지 숨을 가득

들이마신 후, 천천히, 아주 조심스럽게 병을 열면서 숨을 뱉기 시작한다. 후- 호흡과 함께 조금씩 빠져나가는 탄산을 느끼며, 한껏 부풀었던 병에 공간이 생겨 마침내 완전히 열 수 있게 되었을 때, 남은 숨을 마저 후- 뱉고, 톡 쏘는 탄산수를 한 모금 삼킨다. 마음이 편치 않은 날 마시는 탄산수는 톡 쏘다 못해 따갑기까지 하지만, 이건 결코 나를 헤치지 않는다는 사실을 기억하며, 온몸 구석구석 퍼지는 청량감에 온 신경을 집중해 본다.

'느낀다'의 사전적 의미는 '몸의 감각이나 마음으로 깨달아 아는 기운이나 감정'이다. 탄산이 빠져나가는 것을 눈으로 보고, 소리로 듣고, 특유의 맛과 향을 음미하며, 손끝에 전해지는 병의 변화에 온 신경을 집중한다.

아닌 척 숨겨두었던 부정적 감정들이 어느 날 뜻밖의 외부 자극을 만나 터져버릴 것 같을 때, 이런 시각화 과정을 통해 답답했던 감정을 오감으로 느끼며 다시 나를 평온한 상태로 데려다 놓는 연습을 한다. 판단 없이, 질책 없이 아들이 건넨 폭발한 콜라를 기꺼이 즐거워해 준 남편을 떠올리며…. 머리와 가슴을 연결해 주는 수단으로서의 탄산수를 통해 '느낀다'는 게 무엇인지 보다 확실히 알게 됐다.

  그리고 기꺼이, 나도 나를 기다려 주기로 한다. 느끼지 않기를 선택할 수밖에 없는 내 안의 어느 연약하고 두려운 부분을. 먼저 한 김이 빠지고 나면 완전히 열 수 있는 때가 올 테니까.

Question

∘ 당신은 언제 탄산음료를 마시나요?

∘ 꽉 차서 터져버릴 것만 같은 감정을 다루는 나만의 방법은?

안녕, 나의순간들

쓴(매운)맛 🍴

유언을 남기고 싶어 찾았던 상담실에서
나는 유언 대신, 진짜 나를 찾았다.

오래도록 내 안에 소외된 채로 남겨졌던
나의 부분들과의 만남이었다.

내가 아니었던 것들은 덜어내고 버리기 시작했다.

잃어버릴 준비,

차 한잔

"힘내!"라는 말을 망설이는 이유, 미역국.

하늘이 무너지는 것 같은 상황을 살아본 사람은, '공감'이나 '위로'에 대한 나름의 정의를 가졌을지 모른다.

표준 국어 대사전에 '공감'(共感)은 "남의 감정, 의견, 주장 따위에 대하여 자기도 그렇다고 느낌. 또는 그렇게 느끼는 기분"이라고 나와 있고, '위로'(慰勞)는 "따뜻한 말이나 행동으로 괴로움을 덜어 주거나 슬픔을 달래 줌"이라고 쓰여 있다.

"나도 그 기분 알아. 내가 모르면 누가 알겠어…. 얼마나 힘들까?"

나와 눈을 맞추며 최대한 나를 불쌍히 여긴다는 느낌을 전하려 애쓰는듯한 그녀의 눈가가 촉촉해졌다. 이내 왕방울만한 눈물을 뚝뚝 흘리기 시작하더니 테이블 위 티슈를 자기 쪽으로 쭉 끌어다 한 장 두 장 뽑아 쓰기 시작했다. '내가 얼마나 힘든지 아픈지 들어주겠다던 그녀'는 대화 초반 그가 흘린 눈물방울과 함께 증발해 버리고 없었다.

말로는 "네가 얼마나 힘들었을까, 아팠을까"라고 했지만, 그 말의 주체가 내가 아님을 나는 단박에 알아차릴 수 있었다. 그렇게 그녀는 한참을 자기 설움에 울었다. 나를 찾아준, 그녀의 수고스러운 걸음은 고마웠지만, 내 아픔에 공감한다는 그녀의 말은 안타깝게도 내 마음에 닿지 못했다. 나를 위해 울고있(다고 생각하고 있)는 그녀를 앞에 두고 내 마음은 점점 더 그녀로부터 멀어지고 있었다.

"다 잘 될 거야. 그러니까 조금만 더 힘내! 힘들면 나한테 꼭 연락하고, 내가 오늘처럼 다 들어 줄게."

헤어지기 전, 나를 끌어안고 내 귓가에 들려준 그녀의 마지막 문장 끝에 "힘내!"라는 말은 그날 대화의 '화룡점정(畫龍點睛)'이 되었다. '벽에 그린 용에 눈동자를 그려 넣은 즉시 용이 하늘로 올라갔다'라는 뜻과 같이 대화 내내 나를 이해한다며, 자기는 다 안다며, 배려 없는 조언을 서슴지 않고 자기 설움에 겨워 우는 그녀로부터 도망치던 내 마음이 마지막 그 말로 인해 하늘 높이 훨훨 날아가 버렸다.

'역시 기쁨이든 슬픔이든 나누지 않는 편이 낫겠어. 어차피 나를 이해할 수 있는 사람도, 내 아픔에 공감할 수 있는 사람도 없어.'

당장에라도 죽어버리고 싶을 만큼의 커다란 죽음 충동이 나를 강하게 에워싸고 있었다. 턱관절이 생길 정도로 이를 악물고 버티고 있는 상황에 내게 도대체 어떤 힘을 더 내라는 건지…. 진작 젖 먹던 힘까지 다 써버린 나에게 그녀의 그 흔한 '힘내'라는 말은 한없이 폭력적으로 들릴 수밖에 없었다.

그리고 그날, 그녀와 나눈 대화, 아니 일방적인 듣기를 마치고 나서 함부로 타인의 상태와 상황을 속단하는 습관이 내게도 있음을 알게 됐다. '그동안 내가 뱉은, 허공으로 흩어진 말도 참 많았겠구나..' 두 시간을 꽉 채워 그녀는 내게 위로와 공감을 전했지만 정작 내 마음은 텅 비었고 그저 피곤할 따름이었다.

집에 돌아와 불린 미역을 들기름에 달달 볶아 소금을 조금 넣고 미역국을 끓였다. 딱히 미역국을 좋아하지 않아서 생일에 미역국을 먹지 않아도 서운하지 않은 나인데, 희한하게 몸이 아프면 엄마가 끓여주시던 미역국이 생각났다. 사태를 뭉근하게 오래 삶아 끓인 엄마표 소고기미역국이 진짜 맛있는데 왜 때문인지 아픈 날엔 아무것도 넣지 않은 맹미역국이 좋았다.

밥 한술 입에 넣지 않고 그냥 국물만 홀짝홀짝 들이켰다. 구수하고 따뜻한 국물이 몸에 들어가니 잔뜩 솟은 긴장한 어깨가 살짝 내려가고 숨도 조금 더 깊이 쉬어졌다. 엄마가 나를 낳고 울며 먹었던 미역국, 그리고 나 역시 출산의 고통이 아직 생생하던 때 먹었던 수많은 미역국. 한참 앓고 난 후, 처음 생각나는 음식이 미역국인 걸 보면, 아마 내 무의식 속에 미역국은 생명과 맞닿아 있는 무엇인지도 모르겠다.

그날의 나는, 이런 맹 미역국 같은 위로가 필요했던 건 아닐까? 그저 별말 없이 내 어깨에 살포시 얹은, 생명의 온기가 느껴지는 손으로 충분하지 않았을까? 아직 '살아있다'라는 느낌, 그리고 그렇게 살아내는 네 곁에 '내가 있어'라고 알게 하는⋯ 그러니 우리 힘들어도 함께 '살아 보자'라는 말 없는 응원 말이다.

그녀는 주었지만 나는 받지 못했고, 그녀는 했지만 나는 알 수 없었던 위로를 미역국으로 대체했다. 그리고 스스로에게 말했다. '그래 너 정말 힘들겠다. 서럽고, 억울하고, 밉고, 원망스럽고, 화나지? 그래 그럴 만해.' 내 인생에 나를 향한 첫 공감을 전했다. 어떤 평가나 판단 없이 급히 상태를 전환하려 하지 않는, 그냥 '그럴 만하다'라는 인정의 말. 그토록 어렵고 힘들었던 나를 '인정', 하는 순간이었다.

며칠 후, 나를 위로했다는 뿌듯함에 겨운 그녀의 '괜찮아, 누구나 살면서 겪을 수 있는 일이야. 곧 괜찮아질 거야'라는 안부 문자에 재차 폭력적인 위로를 경험하며, 그렇다면 나는 어떤 위로와 공감을 전하는 사람이 돼야 하나에 대해 고민하였다.

앞으로 살면서 여러 경험과 배움을 통해 나의 정의도 달라지겠지만, 일련의 사건을 통해 '슬픔과 고통의 자리에 있는 사람보다 앞서지 않는 것'이 공감과 위로일 수 있겠다는 생각에 도달했다.

'함께 비를 맞거나', '넘어진 그 곁에 잠시 같이 있는 것'.

'왜 넘어졌는지, 비가 오는데 우산은 왜 안 들고나왔는지를 묻는 대신, 그저 곁이 되어주고, 나를 찾을 때 기꺼이 옆을 내어주는 것' 그런 게 공감이지 않을까 싶다.

　내가 겪어보지 않은 일에 대해 쉽게 말하지 않고, 그에게 '그럴 만한 이유가 있다'라고 상대를 있는 그대로 인정해 주는 것. 그리고 무엇보다 이 모든 깨달음을 통한 나의 변화의 첫 번째 대상은 다름 아닌 나 자신이 되어야 하지 않을까.

◦ 당신에게는 어떤 '위로'와 '공감'이 필요한가요?

  불편한 위로와 공감을 경험한 적이 있나요?

◦ 아플 때 유독 생각나는 음식이 있나요?

영혼의 만족, 야식。

   고단한 삶이었다. 하고 싶은 건 없고 해야 할 일만 많았다. 제3 금융권의 사채 이자처럼, 내가 책임지고 돌봐야 하는 일들이 눈덩이처럼 불어나고 있었다.

   어느 날 갑자기 영문도 모른 채 뿌리째 뽑혀 알 수 없는 곳에 옮겨 심긴 나무처럼, 한순간에 그런 당황스러운 순간을 맞았다. 어떻게든 살아남기 위해, 낯선 땅을 뚫고 뿌리를 내리느라 호되게 몸살을 앓아야 했다. 존재의 존엄성과 이유는 사라졌고, 그저 어느 정도 잘 기능하는 허울뿐인 나와 해결해야 하는 상황 그리고 관계만이 남았다. 순식간에 하루살이 인생이 되어버린 내 삶은, 친정 식구들의 재정적 도움 없이는 아무것도 할 수 없는 지경에 이르렀다.

   매사에 적극적이고 호기심 많은 5살 여자아이, 한살이 갓 넘은 남아 쌍둥이, 세 아이와의 매일은 생존게임 같았다. 반쯤 정신이 나간 상태로 살다 어느 날 겨우 정신을 좀 차리고 주위를 둘러보면, 주변엔 온통 푸르고 울창한 숲 같은, 이미 삶의 안정 궤도에 오른 사람들만 있는 것 같았다. 내 인생은 덜 다져진 땅 위에 겨우 서 있는 연약한 나무처럼, 작은 새 한 마리가 와 앉아도 금방 쓰러질 정도로 위태로운 상태였는데 말이다.

'겨우 이렇게밖에 못 살 거면서 그동안 그렇게 요란을 떨고 살았냐?'라는 소리가 고장 난 녹음기처럼 귓가를 울려댔다. 달력은 몇 장째 넘어가고 있었지만 어디론가 증발해 버린 영혼은 좀처럼 돌아올 기미가 없었고, '실패'가 내 성 같고, '수치'가 이름 같은 한참을 살았다. 실패하고 넘어진 나 자신을 향해 스스로가 던지는 모진 말과 비웃음은 타인의 손가락질보다 훨씬 더 강력한 파괴력을 지녔다는 사실을 당시에 나는 알지 못했고, 계속해서 나 스스로를 패배자로 몰아가고 있었다.

아마도 내가 엄마가 아니었다면, 진즉 이 삶을 포기하지 않았을까? 하늘에 나는 새라도 붙잡고 나의 억울하고 비탄한 이 심정에 대해 하소연하고 싶었다. 허나 진흙탕 같은 상황을 아이들과 다 함께 뒹굴 수는 없는 노릇이었다. 굳이 일찍 알 필요 없는 어른들의 세계를 어린 삼 남매는 최대한 모르길…. 아이들을 먹이고 입히기 위해 두 눈을 질끈 감고 매일을 견뎠다.

엄마 아빠의 평생이 어떤 삶이었는지 누구보다 잘 아는 맏이인 나는, 이런 꼴로 한국에 돌아온 게 면목이 없어 죄스럽기만 했고 두 동생 보기에도 부끄러웠다. 장녀인 내가 이래도 되는지 '윗물이 맑아야 아랫물이 맑다'라고 했는데…. 똥물이 돼버린 윗물이 아랫물을 흐리진 않을까 두려웠다.

나의 이런 복잡함을 모두 알아차린 걸까? 가족 중 누구도 내게 지난날에 관해 묻지 않았고 대신 우리가 함께 지내게 돼서 얼마나 기쁜지, 즐거운지만 이야기했다. 나를 가장 잘 아는 사람들의 소리 없는, 그러나 가장 힘이 있고 묵직한 배려이자 위로였다.

비록 내 인생에 결코 없었으면 좋았을 사건과 순간들이지만, 나라는 사람의 존재 이유가 성과와 결과에만 있다고 믿었던 내게 '그냥 네가 우리 딸이라서, 언니라서, 누나라서'라는 것을 알게 한 시간이기도 했다. 살아있다는 사실 그 하나만으로도 우리가 얼마나 소중한 존재인지를 깨닫도록 깊고 긴 슬픔의 시간을 가만히 기다려 주었다. 가족들의 사려 깊은 배려와 보살핌 덕에 나는 서서히 나의 상처와 마주할 용기를, 그리고 다시 한번 세상에 대한 믿음을 가져 볼까 하는 마음을 낼 수 있었다.

말보다 힘이 센 '함께하는 시간의 사랑' 속에서 나는 조금씩 기운을 차렸다. 조건 없는, 우리의 존재를 향한 응원 속에서 나의 호흡은 계속해서 이어지고 있었지만, 모순적이게도 한쪽에서의 사랑이 커지면 커질수록 자꾸만 나와 아이들을 이런 상황까지 내몬 무책임하고 이기적인 얼굴들이 떠올라 하루에도 열두 번씩 고통 속에 몸부림쳐야 했다.

모두 각자의 자리를 찾아가는 아침이면, 나는 큰 집에, 스스로 할 수 있는 거라고는 울고 보채는 것뿐인 쌍둥이 둘과 덩그러니 남겨졌다. 하루 꼬박 두 아이의 손과 발이 되어 시간을 보내다 보면 틈이 없거나 입맛이 없어 밥을 먹는 날보다 먹지 못하는 날이 더 많았다. 애가 셋이나 있는, 그것도 쌍둥이를 출산한 애 엄마가 어떻게 그렇게 날씬하냐는 얘기를 하루걸러 하루 들었는데, 동네 아줌마들이 그토록 궁금

안녕, 나의순간들

해하던 내 몸매 유지의 비결은, 극심한 스트레스와 물리적인 시간의 부족이었다.

'띠 링- 배달 기사가 맛있는 음식을 픽업했습니다.'

혼자서 모든 걸 다 감당해야만 하는 그 시절은 대체로 퍽퍽했지만, 촉촉한 순간도 있었다.

세 아이가 모두 잠든 깊은 밤이 되면, 나 역시 녹초가 되어 기절하거나, 더욱 또렷해진 정신 때문에 고통스러운 밤을 지새워야 했다. 그러다 종종 살짝 풀린 긴장과 함께 허기를 느낄 때면 '아, 나 오늘도 종일 먹은 게 없구나' 하고 그제야 나의 빈속을 알아차렸다. 처음엔 나를 위한 음식을 주문하는 것조차 사치로 느껴져 멀뚱히 배달 앱만 쳐다보다 그냥 지나간 날도 많았다.

"우리 너무 멀리 보지 말고, 오늘 하루, 딱 하루만 살자. 엄마가 너 키울 때, 너무 가난해서 못 사 먹고, 못 사준 게 두고두고 그렇게 속이 상하더라구…. 그러니까 혹시라도 너 먹고 싶은 거 있으면 참지 말고 먹어. 알겠지?" 엄마는 종종 엄마가 살아낸 시간을 담담하게 그리고 다정하게 들려주셨다. 그리고 그 이야기들은 당신의 서러웠던 과거의 회상이라기보단, 서러울지 모를 나의 미래를 위한 살핌 같았다.

고단한 하루를 살아낸 나를 위해 야식이라는 보상을 주기로 했다. 아이들 챙기느라 다 식어버린 음식을 허겁지겁 서서 먹지 않아도 되게, 따뜻한 음식을 대접하기로 말이다.

'비록 내 인생은 망했지만, 야식 주문만큼은 반드시 성공시키리라' 하는 이상하지만, 하루를 버티게 하는 나름의 목표가 생겼다. 그마저도 아이들이 깨는 날엔 결국 식어버린 음식과 마주하는 실패를 반복해야 했지만, 차근차근 따뜻한 음식을 먹는 성공 경험을 뱃살과 함께 쌓아갔다.

어쩌면 매일 밤, 정신없는 하루 끝의 고요한 적막을 견디지 못했는지도 모르겠다. 나쁜 생각이 몰려오는 게 무섭고, 오롯이 혼자서 이 순간을 다 감당해야 한다는 삶의 무게가 버겁게 느껴졌을는지도. 가장 신뢰하고 의지해야 할 대상이 이 사달을 만든 장본인이라는 사실이 또렷해지는 밤, 도무지 나아질 것 같지 않은 미래가 두려웠던 것 같다. 텅빈, 공

안녕, 나의순간들

허한 마음을 달리 어떻게 해야 할지 몰라 뜨겁거나 차거나 달거나 차거나 신 음식의 자극을 통해 계속해서 살아있다는 느낌을 느끼고 싶었던 건지도.

사랑스러운 눈으로 엄마를 바라보며 "엄마는 무슨 음식을 좋아해요?" 묻던 딸에게 "응, 엄마는 따뜻한 음식"이라고 답했다. 그리고 어느 날, 아이는 자기가 그린 그림을 보이며 이렇게 말했다. "엄마, 이거 드세요. 엄마가 좋아하는 따뜻한 음식이에요." 아이의 입을 통해 '따뜻한 음식'이라는 정확한 문장을 들었을 때, 나는 이렇게 '누군가의 돌봄, 인정, 따뜻한 사랑의 온기가 필요했던 거구나' 싶었다.

그날도 여느 날처럼 전쟁 같은 하루였지만, 야식을 주문하는 대신, 곤히 잠든 아이를 꼭 끌어안고, 품 안에 고스란히 전해지는 온기를 느끼며 오랜만에 깊은 잠에 들었다.

◦ 당신은 어떨 때, 누구와 야식을 먹나요?

◦ 야식과 같은 '자기 위로의 상징'이 있나요?

　당신에게 정말 필요한 위로는 무엇인가요?

다정한 안부, 한약.

어려서부터 엄마와 함께 다니던 한의원이 있다. 시장 모퉁이를 돌아 큰길 근처에 있는 한약방엔 다정하고 따뜻한 성품의 한의사 선생님이 계셨다. 각종 약재를 다리는 진한 탕약 냄새가 한참 전부터 우리를 마중 나왔다.

독한 한약 냄새에 인상이 잔뜩 찌푸려졌다. 울렁거리는 속을 꾹꾹 참으며 연세 많으신 할머니 할아버지 사이에 자리를 잡고 앉아 우리 순서가 되길 기다렸다.

"아이구⋯. 어디가 아파서 왔어⋯. 왜 아프고 그래~"

한의사 선생님은 엄마를 아이 다루듯 하셨다. 가볍거나 무례하신 건 아녔고, 되려 그토록 따뜻한 어른 남자의 모습은 본 적이 없을 정도로 나긋나긋한 음성과 친절한 태도로 진찰을 이어가셨다.

엄마가 유일하게 자신의 아픔과 불편함을 말할 수 있었던
장소 한의원. 교회와 골방에서 혼자 울며 기도하는 모습은
자주 봤지만, 어떤 사람 앞에서 엄마 이야기를 하는 모습을
보는 건 낯선 약재 냄새만큼이나 생경했다.

한참 전부터 명치와 배 사이에 딱딱한 덩어리가 만져져서
한 날은 나도 엄마를 따라 진맥을 받았다. 달걀 한 알 크기
의 몽우리였는데, 크기와 모양이 눈에 보일 정도로 뱃가죽
을 밀고 올라오면 그 순간 잠깐 숨을 멈춰야 할 정도로 아팠
다. 덩어리가 솟은 부위에 손을 얹고 살살 문지르다 이때다
싶을 때 지그시 눌러 정체 모를 몽우리를 다시 배 속으로 밀
어 넣기를 반복하고 있던 차였다.

이런저런 질문과 더불어 맥을 짚고 진찰을 마치신 후 말
해주신 내 병명은 이름하여 '화병'. 나는, 내 나이 열다섯에
화병을 진단받았다.

'화병' 火病
억울한 마음을 삭이지 못하여 간의 생리 기능에 장애가
와서 머리와 옆구리가 아프고 가슴이 답답하면서 잠을 잘

자지 못하는 병.

"아니, 이렇게 어린 게 뭘 그렇게 참고, 지속에 다 담고 있어…. 할머니들 몸에나 생길 법한 게 이 조그만 몸에 들어 있구먼."

엄마를 아이처럼 다루던 선생님이 이번엔 나를 대략 네다섯 살쯤 되는 아기처럼 어르고 달래셨다. 온종일 환자들을 보느라 지치실 법도 한데, 그리고 어쩌면 나 정도는 별 대수롭지 않게 여겨질 수도 있으실 텐데…. 나를 걱정하는 선생님의 진심이 부드러운 음성을 타고 내 안에 들어왔다.

감당하기 어려운 스트레스와 긴장 때문에 몸이 딱딱하게 굳고 혈액이 원활하게 순환되지 않아 뭉치고 맺힌 거라고 하셨다. 크고 따뜻한 손이 내 머리와 어깨를 쓰다듬으며 조심스럽게 몸 여러 군데에 침을 놓았다.

눈물이 주르륵 흘렀다. 몇 개인지도 모를 만큼 많은 침이 내 몸에 꽂혔다. 보통 침을 맞거나 주사를 맞으면 몸에 힘이 잔뜩 들어가기 마련인데, 어쩐지 그날은 긴장도 되지 않고

심지어 아프지도 않았다. 되려 한마디 한마디 한의사 선생
님의 말씀이 이어질 때마다 '어쩌면 세상에 안전한 어른도
있을지 몰라'라는 마음에 덩달아 몸까지 편안해짐을 느낄
수 있었다.

　가끔 잠을 자다가 울컥 올라오는 덩어리에 아파 잠에서
깰 때면, 몸속에 자라고 있는 정체 모를 녀석이 이렇게 몸
이곳저곳을 돌아다니다 언젠간 목구멍을 막아, 숨이 막혀
죽을 수도 있겠다는 생각에 잠을 설친 날도 있었다. 아빠는
너무 멀리 있었고, 엄마는 나보다 더 겁을 먹고 불안해 할
것 같아 말하지 못했다.

　침 치료가 끝나고, 약값은 받지 않겠다며 약을 한재 지어
주셨다. 15살, 세상에 마음 둘 곳이 없어 서러웠던 아이와
눈을 맞추며 "아가, 이 약 먹고 아프지 마!~ 근데 아프면, 혼
자 참지 말고 또 여기 와~ 내가 침놔 줄 테니까 또 와~ 알겠
지? 꼭 와~" 하셨다.

　눈에 보이지 않는 고통과 설명할 수 없는 아픔을 볼 수 있
는 분을 만난 건 큰 축복이었다. 나의 괜찮지 않음을 알아봐

주고 다시 나아질 수 있을 거라는 희망을 품도록, 자신의 시간과 재능을 내어주는 사려 깊은 위로를 알게 하셨다.

그 일이 있은 후로부터 거짓말처럼 역하던 한약 냄새가 향긋했다. 한의원을 방문할 때마다 마음은 편안해졌고, 지독하던 한약 냄새는, 추운 겨울, 고통의 끝을 알리고 새로운 시작, 치유를 전하는 봄소식처럼 느껴졌다.

오랜 시간이 흘러, 나는 세 아이의 엄마가 됐고, 남편의 사업 실패로 인해 완전한 빈손이 되었다. 엄마 손에 이끌려 다시 한의원을 찾았던 그 날엔, 15살엔 죽을까 봐 무서웠던 마음이 이제는 더 살게 될까 봐 두려운 마음으로 바뀌어 있음을 알 수 있었다.

오랜만에 만나는 한의사 선생님은 어느새 까맣던 머리가 백발이 된 노인의 모습이셨다. 어쩐지 조금 낯설기도 했지만, 여전히 다정한 음성으로 "어디가 아파서 왔어~" 하고 물으시는 선생님을 뵈니 금세 안심이 됐다.

"선생님, 저 사는 게 너무 힘든데, 선생님은 어떤 책 읽으세요?"

이 무슨 맥락 없는 질문이란 말인가. 선생님은 멈칫하셨고, 조금 당황하신 듯 보였다. 그러나 마나, 늘 원장실 안에 선생님을 에워싸고 있는 책장과 책상 위 수북이 쌓여 있는 수많은 책을 봐 왔던 터라, 그중 선생님이 좋아하는 책은 뭐였을까 궁금하던 차에 던진 질문이었다.

실은, 선생님과 긴 대화를 나누고 싶었는데, 여전히 바쁜 한의원에서 선생님과 긴 이야기를 나눌 수 없다는 걸 알기에 대신 선생님이 추천해 주시는 책을 읽으면 그 안에서 선생님 마음과 닿을 수 있지 않을까 하는 이유에서였다.

우울과 절망을 지내느라 딱히 사람에게 관심도 없고, 사는 것에도 별 흥미가 없던 내가, '선생님은 어떤 책을 깊이 만나셨을까?'가 궁금했던 거 보면 아마 나는 너무 살고 싶어 죽고 싶었는지도 모르겠다.

인생이라는 길 위에서 갈 바를 잃어, 더 이상 내딛는 걸음이 의미 없다고 여겨지던 때, 그 옛날, 열다섯 소녀에게 다정하고 따뜻했던 어른, 다시 한번 선생님을 통해 작은 희망의 조각을 찾고 싶었나 보다. 아마도 선생님의 인생 내공에 기대어 길을 찾고 싶었던 게 아닐까.

침 치료를 다 마칠 즈음 책을 한 권 들고 오셨다. 정호승 시인의 산문집. <내 인생에 용기가 되어준 한마디>. 다른 말을 많이 묻지 않으시고, 힘내라고 말씀하지도 않으셨고, 그저 이번에도 마찬가지로 '아프지 말라고, 그래도 아프면 혼자 참지 말고 꼭 다시 오라고' 그렇게 내 손을 한번 꽉 잡고 토닥이셨다.

한의원에서 처방받은 상당한 두께의 책과 함께 집에 왔다. '제2부 상처 많은 나무가 아름다운 무늬를 남긴다'에서 '너는 실패해도 성공했다'라는 제목에 마음이 멈췄다.

나의 실패를 더욱 괴롭게 만들던 이들이 있었다. 자기의 안녕을 확인하기 위해 안타까워(하는 척)하며 끝도 없는 질문과 요청한 적 없는 조언을 늘어놓는 한 부류. 한편 그깟 일은 아무것도 아니라며 정작 본인은 겪어 본 적도 없는 이 엄청난 상실의 아픔을 맘대로 축소하는 다른 부류. 자기들 입맛대로 나를 요리하던 사람들 틈바구니에서 '아프면 나를 찾아와'라는 선생님의 지지와 '너는 실패해도 성공했다'라는 문장은 아직 이 삶이 끝나지 않은 열린 결말이란 걸 알게 한 중요한 두 축이었다.

 과거의 실패를 '결과'로만 바라보던 내게, 지금의 아픔과 고통의 시간이 완전한 실패도, 결과적인 패배도 아닌 그저 하나의 '과정'이라는 사실을 깨닫게 했다. 사소한 실패조차 두려워 도전하지 못했던 지난날이 스치며 어쩌면 여전히 완전한 실패는 감당하기 어려운 나라서, 남편을 통해 직간접적인, 그러나 철저하게 내 일처럼 아프고 겪어내야 하는 실패를 경험하게 된 건 아닐까 하는 새로운 시각이 열렸다.

 그렇게 마침내 태어나 처음으로 '실패라는 성공'을 경험했다. 물론 바라던 성공도 아녔고, 앞으로도 굳이 이루고 싶은 성공도 아니지만, 적어도 다시 살아갈 힘을 얻기엔, 용기를 내기엔 충분했다.

 며칠 후, 선생님이 지어주신 한약이 도착했다. 휘리릭 보던 책을 다시 꼼꼼히 읽으며 정해진 시간에 한약을 챙기며 내 마음과 생각도 함께 살폈다. 한약도 내 삶도 여전히 썼다.

안녕, 나의순간들

그래도 이 '쓴맛'이 나를 살리기 위한 지독함이라는 걸 알게되니 제법 견딜 만했다.

쓴맛이 싫어 얼른 물을 한 잔 마시거나, 달콤한 사탕을 입에 물기도 했다. 온몸을 한참 비틀고 나서야 약의 쓴맛이 사그라들었지만, 여전히 혀끝에 남아있는 쓴맛은 어쩔 수 없었다.

마치 우리네 삶 같은 한약이다. 입엔 쓰지만, 몸엔 좋은 한약. 내 삶에 펼쳐진 추운 계절, 크고 작은 실패와 아픔들을 받아들일지 말지는 전적으로 나에게 달렸다. 그리고 그 상황을 어떻게 바라볼 것인가도 나의 선택이다. 한의사 선생님 덕분에 '실패해도 성공한', 더 이상 '실패한 사람'이 아닌 '실패도(경험) 해본' 사람이 되었다.

Question

○ 당신의 인생에 쓴맛은 무엇인가요?

○ 좋은 어른을 만난 적이 있나요? 어떤 어른이었나요?

○ 당신은 어떤 어른이 되고 싶은가요?

안녕, 나의순간들

잃어버릴 준비, 차 한잔.

  어린 시절 하면 떠오르는 강한 느낌 중 하나가 쓸쓸함이다. 조그마한 게 일찍부터 외롭고 적적함을 알고 있었다는 게 어쩐지 가엾기도 하다.

  좋은 일이 생기면 곧 나빠질지 모를 나중을 위해 크게 기뻐하지 못했다. 슬픈 일이 닥쳐도 아픔을 모르는 사람처럼 해야 할 일에 집중하며 슬픔을 외면했다. 감정적인 것보다는 이성적인 게 나아 보였고, 중심을 잘 잡는, 흔들림 없는 사람처럼 보이고 싶었다. 다양한 감정들을 느끼지 않기 위해 최대한 나를 바쁘게 몰아쳤다.

  미루고 쌓아둔 감정은 사라지지 않고 복리 이자처럼 불고 또 불어 다시 내게 돌아왔다. 더 이상 감출 수도, 감춰지지도 않는 부정적인 감정들이 나를 옴짝달싹하지 못하게 했다. 내 안의 깊은 절망과 활활 타오르는 분노가 그냥 '나' 자체 같았다. 무시하려 해도 되지 않았고 아무리 바쁘게 나를 몰아붙여도 부정적인 느낌은 조금도 옅어지지 않았다. 오랜 시간 억압된 케케묵은 감정들이 무겁게 나를 짓눌러, 더 이상 내 영혼이 그 무게를 견디지 못하고 무너지고 있었다.

적당히 기능하고 있는 겉모습과 달리 내 안의 속 사람은 갈기갈기 찢기는 고통 속에 신음하고 있었다. 언제든 내 이야기를 들어줄 엄마와 여동생이 곁에 있었지만, 나와 닮은 상처가 있는 그들이라 더 말할 수가 없었다. 이미 드러난 사실에 관해서 설명할 뿐, 진짜, 실재 내가 느끼는 감정(분노, 불안, 공포, 실망, 절망 그리고 무망감)에 대해서는 차마 입이 떨어지지 않았다.

말할 수도 없고 그렇다고 하고 싶지도 않은 이 비밀이 도대체 왜 전처럼 삼켜지지 않는 건지…. 내 인내심이 한계에 다다랐음을 느낄 수 있었다.

고만고만한 어린아이 셋과 함께하는 시간엔 온통 아이들에게 집중하느라 나에 대해 깊이 느낄 새도, 오래 생각할 겨를도 없었다. 문득문득 올라오는 부정적인 감정도 엄마라는 엄청난 책임감으로 덮어 잠시 미뤄둘 수 있었다. 문제는 아이들이 모두 유치원에 가거나 잠든 새벽이 되면 자비 없이 몰려오는 감정의 쓰나미에 조여 오는 가슴을 부여잡아야 했다는 거다. 숨이 잘 쉬어지지 않아 답답한 가슴을 치는 날이 늘어갔고, 이제는 낮 동안에도 땅속 깊숙이 몸이 꺼지는 느낌이 자주 들었다.

'이 세상에 진짜 내 이야기를 아는 사람이 한 명은 있어야 하는 거 아닌가? 적어도 내가 왜 죽었는지, 진짜 이유를 아는 사람이 한 명은 있어야 하는 거 아니냐고. 그냥, 쟤 남편 사업 망해서 힘들어서 죽었나 봐, 하는 되지도 않는 말로 내 죽음이 설명되면 안 되는 거 아니야?' 하는 억울한 마음이 들었다. 그리고 그 마음은, 그토록 높고 멀게만 느껴지던 (심리) 상담실 문턱을 넘게 했다.

누군가는 살고 싶어서, 살기 위해 찾는 상담실을 나는 죽기 전 마지막 '유언'을 남기는 장소로 택했다. 감당하기 벅찬 상담료와 부담스러운 거리, 오롯이 나만을 위한 소비가 익숙하지 않았지만 내게 주는 마지막 선물이라 여겼다.

내 인생 처음으로, 나에 대해 이야기를 해 보겠노라. 대단한 '용기'를 냈던 그 날, 다행히? 상담실은 꽤 아늑하고 포근했다. 조용한 찬양연주가 흘러나왔고, 작은 정원을 연상시키는 다양한 식물들로 가득했다.

"따뜻한 차 한 잔 드릴까요?"
"네, 메밀차 한 잔 부탁드려요."

유언을 남기러 온 사람치고는 아직 취향이 있다는 게 우습기도 했지만, 본능적으로 낯선 곳에서 익숙함을 찾았다.

'내가 나라고 믿고 있는 것 중에 진짜 나는 얼만큼일까? 그 속에 진짜 내가 있긴 할까?'

일주일에 한 번, 50분씩, 정해진 시간에 개인 상담이 이루어졌다. 처음 몇 주는 계속 속이 울렁거리고 토할 것 같아 상담받는 전날과 당일엔 음식을 거의 먹지 못했다. 내 속 이야기를 꺼내놓는 일이 이토록 고통스러운 작업이라니. 첫 아이는 난산이었고, 두 번째 임신은 예기치 않은 슬픔으로 작별을 맞았고, 쌍둥이 임신 출산 과정의 힘듦이야 말해 입 아플 정도니, 어지간한 일은 힘들다고도 생각하지 않는 나

안녕, 나의순간들

였다. 그런데 왜 나라는 사람에게는 그냥 있었던 일을 이야기하는 게 그토록 고통스럽고 힘들었던 걸까. 한동안 상담을 받으며 나는 더 많이 슬퍼졌다.

'비싼 돈을 들여 토할 것 같은 컨디션과 더 깊은 슬픔을 얻어가는 게 맞는 건가?'

그런데 하나, 완전히 새로웠던 경험은 내 이야기를 그 어떤 판단과 조언 없이 들어주는 사람이 이 세상에 존재한다는 거였다. 설사 그게 내가 지불한 비용에 대한 상담자의 직업정신이라 할지라도. 적어도 내가 그곳에서 느낀 상담자의 눈빛과 언어 온도는 나를 안심시키기에 충분했다.

상담사 앞에서 무슨 이야기를 해야 하나 준비하고 길을 나선 적도 있었지만, 어느 정도 상담이 진행된 이후엔 자유롭게 과거의 상처와 현재의 고통, 미래의 불안까지 경계 없이 넘나들며 나의 이야기를 할 수 있었다.

상담을 통해 두 가지 중요한 사실을 발견했다. 그동안 내가 내 이야기를 쉬이 하지 못했던 이유는 누군가 나에 대해

'안다'라는 사실이 끔찍이도 싫었기 때문이었다. 첫 번째는 나에 대해 잘 알지도 못하는 녀석들이 함부로 나에 대해 떠들어대던 그 시절, 왕따 경험이 떠올라 견딜 수가 없었던 거였다. 그리고 두 번째, 내가 무언가를 말하는 순간, 내가 속한 공동체, 우리 가정이 해체될지도 모른다는 두려움 때문이었다.

오래도록 혼자 간직해온 비밀과 수치스러움을 (거의)다 꺼내 놓았는데도 그토록 걱정했던 '별일'은 일어나지 않았다. 이제 진짜 나에 대해 아는 사람이 세상에 생겼는데, 그게 그다지 오늘을 사는 나에게 특별한 의미가 되지 않는다는 사실에 나는 그제야 안심하기 시작했다.

여전히 문제는 눈앞에 있었지만, 그 문제에 반응하는 '진짜 나'를 이루고 있는 게 무엇인지 알고 나니, 좀 더 본질적인 문제를 다룰 수 있지 않을까 싶은 실낱같은 희망도 생겼다.

상담실에서 수십 잔의 차를 마셨다. 어느 날은 열이 펄펄 나, 차가운 차를 벌컥벌컥 마시고 얼음을 아작아작 씹으며 쌓인 감정을 부숴버렸다. 익숙하진 않지만 나쁘진 않은 새로운 차를 마시면서는 낯선 나를 받아들이는 연습을 했다. 평소 잘 마시지 않던 진한 핸드드립 커피도 어쩐지 상담실에서만큼은 마실만 했고 심지어 먹고 싶다고 느낀 날도 있었다.

오래도록 억압해둔 감정 하나하나를 꺼내어 마주하고 달래서 소화 가능한 수준으로 다듬어 삼켰다. 그리고 차마 다 마시지 못하고 남긴 차와 소화되지 않은 마음은 가감 없이 싱크대에 흘려보냈다.

유언을 남기고 싶어 찾았던 상담실에서 나는 유언 대신, 진짜 나를 찾았다. 오래도록 내 안에 소외된 채로 남겨졌던 나의 부분들과의 만남이었다. 내가 아니었던 것들은 덜어내고 버리기 시작했다. 나에게 되라고 요구한, 나다움을 맘대로 정의해 버린 세상을 향해 더는 그렇게 살지 않겠노라 선포했으며, 그 모든 긴장과 불편함, 모호함을 한동안 견뎠다.

세상이 들려준 반쪽짜리 진실과 뒤섞인 거짓 속에서 나는 매일 조금씩 나라고 착각하며 살던 '타자의 언어와 표상'을 버렸고, 억압되고 눌린 감정들도 조금씩 놓아줬다.

　나를 포기하고 싶고 잃어버리고 싶어 무겁게, 아니 무섭게 넘은 문턱을 가뿐한 걸음으로 나서며 차가워도 뜨거워도 맛이 좋은 메밀차와 함께 나를 찾는 여행 1탄을 마쳤다. 나를 힘겹게 만드는 문제들은 여전히 내 삶 곳곳에 있었고, 나는 때때로 무력해졌지만, 그럼에도 불구하고 내가 이 세상에 태어난 분명한 이유와 목적이 있다는 것을 더는 의심하지 않기로 했다.

안녕, 나의순간들

Question

◦ 당신은 누구인가요?(객체로서의 나 vs 주체로서의 나)

◦ 나를 이루고 있는 타인의 기대와 평가는 어떤 게 있을까요?

배고픔의 진짜 이유, 마음먹기.

　마음이 몹시 고픈 시절이었다. 주린 마음을 음식으로 채우기 위해 쉼 없이 먹고 또 먹었다. 매운 음식과 달달한 간식까지, 평소 살이 찔까 봐 망설이던 음식도 개의치 않고 전부 먹어 치웠다. 목구멍까지 가득 찬 음식 때문에 숨쉬기가 곤란했는데도 왜 때문인지 속은 점점 더 비어 가는 것 같았다.

　체기가 느껴져 소화제를 먹고, 설사를 시작해 지사제를 먹었다. 몸은 더 이상의 음식을 거부했지만, 텅 빈 이 마음을 어떻게 채울지 몰라 계속 먹고 또 먹었다. 몇 날 며칠을 그렇게 먹어댔더니 체중은 급격히 늘어났고, 설상가상 나트륨에 절은 몸은 퉁퉁 붓기 시작했다. 거울에 비친 모습은 내 마음만큼이나 엉망이었고 나는 그런 내가 더 싫어졌다.

　잔뜩 나온 배와 퉁퉁 부은 얼굴은 안 그래도 불쾌했던 기분을 더 나쁘게 만들었고, 그렇게 곱절로 나빠진 기분을 해결하기 위해 나는 이전보다 더 자극적인 음식을 찾았다. 아는 방법이 달리 그것밖에 없어, 잠시라도 텅 빈 나를 느끼지 않기 위해 아프고 쓰린 음식으로라도 나를 채워 보려는 헛수고를 반복했다(아니 맘에 들지 않는 나를 그렇게 괴롭혔다).

나는 소리 없이 무너지고 있었지만, 그나마 근근이 유지되는 몸에 밴 습관 몇 가지가 나를 일상을 사는 사람처럼 보이게 했다. 정확히 기억은 나지 않지만, 언젠가부터 나는 소화하기 어려운 일을 만나면 도서관 서고에 숨어들었다. 그곳은 내가 처한 현실과는 다른 세상처럼 조용하고 차분했으며 불안한 나를 다시 침착하게 만드는 곳이었다.

좋아하는 장소 도서관, 그러나 아이 셋을 혼자 키우면서 들리는 소리라고는 책장 넘기는 소리와 조심스럽게 딛는 발소리가 전부인 그곳에 더는 갈 수가 없었다. 대신 아쉬운 대로 아이들과 함께 어린이도서관엘 갔다. 현실에서 그나마 가장 조용한 곳, 나와 아이들 모두에게 도움이 되는 장소로 그만한 장소가 없었다.

여느 날처럼, 아이들은 각자 원하는 책을 골라 자리를 잡고 앉았고, 나는 습관처럼 아이들 곁에서 서고에 꼽힌 책 제목을 눈으로 훑고 있었다. 어린이책이라 그런지 재밌고 기발한 제목이 많았다. 형형색색 책장 가득 화려한 그림책들 사이에 파란 바탕에 하얀색 글자 하나가 덜렁 적힌 책 한 권이 내 눈과 마음을 멈춰 세웠다.

책 겉표지엔 밤하늘이 그려져 있었다. 하늘 한가운데 뜬 동그랗고 노란 달빛이 어두운 밤을 파랗게 비추고 있었다. 지금의 남편, 그러니까 아직 그가 내 남자친구였던 시절에, 나를 바래다 주고 집에 돌아가는 길에 밤하늘의 달을 보며 써준 시가 한 편 있었다. 불현듯 그 시의 구절 하나가 떠올랐다.

'달빛이 하도 파래서 집에 돌아가는 길이 길어졌다.'

그는, 해는 빨간색, 달은 노란색, 세상을 유아기 그림그리기 수준으로밖에 보지 못하던 나에게 달빛이 파랄 수도 있다는 걸 처음 알게 한 사람이었다.

20대 초반에 나는, 언제나 마감 기한에 쫓기는 사람처럼 인생을 숨가쁘게 살았다. 매사에 열심이었음에도 스스로 만족하는 법을 몰랐다.

계절의 변화를 느끼고 모닝커피 한 잔의 여유를 아는, 삶을 향유할 줄 아는 남편을 만나고 난 후에야 내 세상에도 여러 빛깔이 생겨났다. 회사, 집, 교회. 쳇바퀴 같은 삶을 사는 나를, 산으로 들로 그리고 바다로 열심히 데리고 다녔다. 시간을 따로 떼어 문화생활을 즐기고 계절 스포츠를 누리는 법도 다 그에게 배웠다.

새로운 것에 대한 마음이 굴뚝 같던 어린 시절엔 형편이 좋지 않아 누리지 못했는데, 막상 그럴 수 있는 능력을 갖춘 청년 시절엔, 도저히 낼 수 있는 마음이 없었다. 내가 잠시라도 즐기면 그동안 쌓아온 모든 걸 잃게 될지도 모른다는 두려움 때문이었다. 나는 나에게 조금의 여유도 허락할 수가 없었다.

매사에 분주한 나와 달리 여유롭고 느긋한 그와 함께 삶의 아름다운 조각들을 발견해 가고 있었다. 건조하던 내 삶에 단비 같은 촉촉함을 선사한 그였다. 그랬던 그가, 한순간에 이 삶을 접고 싶게 만든 장본인이 된 거다.

장점으로만 보이던 태평한 그의 성격이 사업을 하는 데는 취약점이 될 수도 있다는 사실을 우리는 둘 다 알지 못했다. 듣도 보도 못한 그만의 이상한 사업 운영 방식 덕에 주변 사람들은 재미를 좀 봤는지 모르겠으나, 정작 아내인 나는 겉만 번지르르한 속 빈 강정, 크기만 잔뜩 부푼 공갈빵 같은 삶을 살았다. 타일러도 보고, 싸워도 봤지만, "알아서 할게"라는 허공을 울리는 말만 되돌아올 뿐, 일은 진척이 없었고, 일은 점점 더 심각한 지경에 이르렀다. 나중엔 본인 스스로조차 무슨 일이 일어나고 있는지 모르겠다는 말을 나에게 하게 될 만큼.

실망도 기대가 있어야 한다고 했던가, 더 이상 그를 미워하고 원망할 힘조차 없었다. 다시 지난날의 나처럼, 해가 뜨면 할 일을 하고, 해가 지면 괴로움에 몸부림치다 지쳐 잠드는 나날을 보냈다.

어김없이 뜨는 해, 그렇게 그날도 (엄마로서) 할 일을 하러 아이들과 도서관엘 갔다. 그리고 그날, 하필이면 파란 달무리에 '삶'이라는 제목을 가진 책을 만나, 그 어린이도서관에서 나는 완전히 무너져 버렸다.

안녕, 나의순간들

한여름에 내리는 장맛비처럼, 한꺼번에 쏟아지는 눈물방울 때문에 책장을 한 장도 넘길 수가 없었다. 그냥 그 상태로 그림책을 품에 안고 주저앉아 소리도 내지 못한 채 눈물만 흘릴 뿐이었다. 겨우 한 글자밖에 안 되는 '삶'이라는 단어의 무게가 너무나 무겁고, 무섭고, 고통스러워 온몸을 비틀어가며 그 순간을 견뎌야 했다.

삶은 아주 작은 것에서 시작됩니다.

코끼리도 태어날 때는 아주 작습니다.

그리고 점점 자라납니다.

햇빛을 받으며 달빛을 받으며 모두 모두 자라납니다.

동물들에게 무엇을 가장 사랑하는지 물어볼까요?

매는 하늘이라고 할 겁니다.

낙타는 모래라고 하겠지요.

뱀은 풀이라며 쉭쉭 거릴 겁니다.

거북이는 아무 말도 하지 않을지 모릅니다.

수백 년을 살면서 너무 많은 것을 보았거든요.

하지만 거북이도 삶을 사랑합니다.

등에 쏟아지는 소나기를

어떻게 사랑하지 않을 수 있겠어요?

산다는 게 늘 쉽지는 않습니다.

가끔은 길을 잃기도 하지요.

하지만 아무리 어렵고 힘든 시간도

언젠가는 지나갑니다.

그리고 새로운 길이 열립니다.

이것만은 꼭 기억하세요.

세상에는 사랑스러운 존재가

아주 많다는 것과

누군가는 보호가 필요하다는 것을요.

삶에서 아름다운 것이

모두 사라진 것 같을 때에도 잊지 마세요.

들에 사는 토끼와 산책길에 마주치는 사슴이 있다는 걸요.

집으로 돌아가는 늑대와 기러기도요.

동물들은 삶의 비밀을 알고 있습니다.

모든 삶은 변한다는 것이지요.

그러니 매일 아침 부푼 마음으로 눈을 뜨세요.

삶은 아주 작은 것에서 시작되지만

점점 자라날 테니까요.

〈삶〉 신시아 라일런트 글, 브렌던 웬젤 그림
이순영 옮김 북극곰 출판사

집으로 돌아오는 길에 새 책을 주문했다. 도착한 그림책을 받아 들고는 또 한참을 울었다.

'아주 작은 것에서 시작하는 삶과 등에 쏟아지는 소나기를 사랑하는 거북이, 삶에서 아름다운 것이 모두 사라진 것 같을 때에도 여전히 존재하는 아름다움과 보호가 필요한 누군가.'

결국은 변하고 자라는 삶 앞에 나는 울고 또 우는 것밖엔 달리 할 수 있는 게 없었다. 그렇게 그림책 <삶>과의 만남은 그 옛날 남편과의 첫 만남처럼 강렬하고 특별했다.

한참을 울고 나니 물에 젖은 무거운 솜 같았던 마음이 한결 가벼워졌다. 그리고는 문득 '그림책 보는 어른들이 있을까?' 궁금해졌다. 더 이상 매운 음식이나 먹는 행위로 해결되지 않는 이 마음이, 그림책을 통해서라면 발견될 수 있을 것만 같았다. 그렇게 만난 그림책이라는 세계는 이미 오래 전부터 그림책을 좋아하고 사랑하는 어른들로 가득했다. 전혀 새로운 세계에서 그림책을 매개로 다시 한번 타인과의 연결이 시작됐다. 그중 결이 비슷한 몇몇 분과 조심스레 서로의 일상을 나누고 마음을 주고받으며, 작은 것에서 시작되는 삶의 새로운 챕터를 맞았다.

좋은 사람들과의 유대를 통해 마침내 고팠던 마음이 조금씩 채워짐을 느꼈다. 책 벗들과 함께 그림책 모임을 할 때마다 텅 비었던 속이 조금씩 채워짐을 느꼈고, 종종 넘치게 행복했으며, 자주 감사한 마음이 들었다. 그리고 서서히, 매우 더디지만, 다시금 삶에 대한 '안녕감'을 회복해 갔다. 마음을 불리고 새로운 생각이 열리게 하는 모임에 참여하며, 나는 어질러진 생각을 정리하고 주린 마음의 진짜 이유를 발견했다. 그리고 그 마음과 생각을 어떻게 채우고 돌볼지 나름의 방법을 터득하기 시작했다.

먹어도 먹어도 부르지 않던 텅 빈 마음의 실체는 '연결'과 '안정감', 바로 '애착 대상'의 상실이었다. 있는 그대로의 나를 사랑하던 유일한 사람 남편, 그와의 단절은 내가 생각하는 것 이상으로 큰 고통이었다. 또다시 혼자가 되어버린 것 같은 불안정한 상태, 이 두 가지가 나를 그토록 끊임없이 먹게 만든, 허기짐의 진짜 이유였다.

스스로 사람에게서 멀어지기를 선택해 책 속으로 숨어들

었던 나는, 어느새 책 밖으로 나와, 책과 함께 사람들을 만나고 있었다. 그들과 다정한 식탁을 나누고 시간을 보내면서 다시 적당한 양으로도 포만감을 느끼는 사람이 됐다. 그러다 가끔 부른 배와 관계없이 또다시 서글픔과 불안이 몰려와 마음이 고픈 날엔, 얼른 책을 잡거나 마음을 나눌 수 있는 그림책 동무들과 만났다. '빨리 가려면 혼자 가고, 멀리 가려면 함께 가라'라는 아프리카 속담처럼, 음식도 마음도, 좋은 사람들과 함께 나눌 때 그 충만함과 든든함, 진한 여운이 오래 지속됨을 알 수 있었다.

언제든 펼치기만 하면, 나를 판단하거나, 섣부른 조언 따윈 하지 않는, 다정한 위로와 반가운 안부를 묻는 수많은 마음들이 책 속에 있다. 그리고 그 책을 함께 통과한 책 벗들과의 나눔은 사려 깊은 위로가 된다.

여전히 흔들리며 걷는 이 길 위에, 기꺼이 함께 흔들리며, 울고 웃을 수 있는 사람들이 있어서⋯ 사람 때문에 울지만, 결국 또다시 사람 때문에 웃을 수 있는, 이 눈이 부시도록 찬란하고 아픈, '삶'의 여정을 나는 오늘도 이어간다.

'오늘 점심엔, 저녁엔 뭘 먹을까?'를 고민하는 대신, 매일 아침 부푼 마음으로 눈을 뜨(기로 선택하)며 매 순간, '어떤 마음을 먹을까?'를 고민하는 나를, 어제보다 조금 더 좋아해 주기로 하면서.

◦ 마음이 고픈 날 당신은 무얼 먹나요?

◦ 새로운 마음을 먹게 한 책을 만난 적이 있나요?

감칠맛을 위하여 🍴

'아, 나는 김이나 밥 같은 사람이 되고 싶구나.'

김밥에 들어갈 수 있는 속 재료의 무궁무진함처럼
각자 삶의 다양한 경험, 아픔과 슬픔,
기쁨과 기대를 가진 이들을
고유한 그 모습 그대로 끌어안을 수 있는 사람.

어떤 모습이 되어야 한다 하지 않고,
그저 지금 모습 그대로도
이곳에 함께 있을 수 있다고,
말해줄 수 있는 사람.

나의 꿈은

김밥

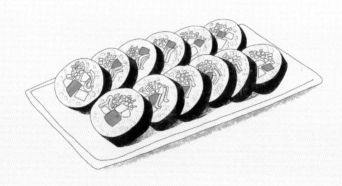

불안과 두려움을 넘어서는 법_ 소고기。

   아빠랑 단둘이 소고기를 먹으러 갔다. 이렇게 둘이서만 점심을 먹은 건 처음이지 않나 싶어, 아빠와 단둘이 시간을 보낸 게 언제였나 떠올려봤다.

   8살, 국민학교(국민학교를 입학해 초등학교로 졸업) 입학 당시, 아빠와 새벽 조깅을 하던 일이 떠올랐다. 초등학교 중학교 모두 계주선수였던 나는, 공부는 못해도 달리기는 기필코 일등을 해야만 직성이 풀렸다.

   따지고 보면 몇 날 안 되던 날이었는데, 아빠와 둘이 새벽 시골길을 뛰었던 장면은 두고두고 내 달리기 역사에 큰 동력이 됐다. 뛰어도 뛰어도 도저히 목적지는 보이지 않고, 이제 더 이상 힘들어서 못 가겠다고 투정 부리면 아빠는 "조금만 더, 조금만 더"를 외치셨다. 아빠의 응원에 힘입어 조금 더 뛰고 조금 더 달리다 보면 어느새 목적지에 도착하겠구나 싶었다.

"아빠 이제 거의 다 왔지?"

"우리 이제 반 왔어."

이제 와 생각해보니 아빠의 '조금만 더'의 조금만은, 엄마가 요리 레시피를 가르쳐주며 '적당히 넣어'의 알 수 없는 '적당히'와 같은 맥락이었다.

더는 다리 아파 못 가겠다고, 이러다 아예 학교에 못 가겠다고 엄포를 놓으니 아빠는 못 이기는 척 방향을 틀어 집으로 가자고 하셨다. 그날 아빠가 나를 업어주셨던가? 기억이 가물가물하지만, 어쨌거나 아빠와 함께 맞았던 그 시절의 새벽공기는 아주 오래도록 내 뺨과 팔, 다리에 문신처럼 새겨진 감각으로 남았다.

혈혈단신, 빼짝마른 몸 하나가 전부였던, 가진 것 없는 20대 초반의 젊은 남자가 한 가정의 가장이 되어 아빠라고 불리기까지 얼마나 많은 날을 '조금만 더, 조금만 더'를 되뇌며 버텨왔을까.

우연히 아빠와 단둘이 점심을 먹던 날, 아빠에게 물었다.

"아빠 나는 왜 이렇게 겁이 많을까? 나는 실패에 대한 두려움이 지나치게 많은 것 같아. 남들은 내가 잘할 것 같다는데 나는 내가 잘 할 수 있을지 모르겠어. 아빠는 어떻게 그 가난을 딛고 여기까지 왔어?"

마흔을 바라보는 다 큰 딸이 어린애처럼 묻자 아빠는 함께 조깅하던 그날처럼, 내 페이스에 맞춰 답을 해주셨다.

"야, 겁 없는 사람이 어딨어, 당연하지, 누구라도 실패에 대한 두려움이 있지. 그 두려움과 불안 속에서 하루하루 해야 할 것들을 하면서 사는 거지. 밤늦도록 고민하다 지쳐 잠들면 아침이 오거든? 그러면 또 그 하루, 해야 할 일에 몰두하며 지내는 거야. 고민을 다 잊어버릴 정도로 최선을 다해 하루를 사는 거지. 그러다 또 밤이 되면? 몸은 엄청 피곤한데 잠은 안 오겠지? 그러면 또 밤새 불안해하다가 나도 모르게 잠이 드는 거야. 그리고 아침이 되면, 또 전날과 같이 최선을 다해서 할 수 있는 일을 하면서 몰입하는 하루를 사는 거야. 그러다 보면 간장 종지만 하던 내가 어느덧 밥그릇이 되고, 국그릇이 되더니, 이렇게 불판이 돼 있더라."

안녕, 나의순간들

한 손엔 집게를 다른 한 손에 가위를 들고 지글지글 맛있게 익어가는 소고기를 뒤집으면서 아빠는 설명을 이어갔다.

"근데 사업이라는 게, 나 혼자 힘으로 되는 것만은 아니더라고. 앞에서 끌어주고 뒤에서 밀어주는 거 그리고 운도 좀 필요하지"

"아빠 근데, 누가 나를 끌어주고 밀어줘? 운이라는 건 내가 어떻게 할 수 있는 게 아니잖아."

"내 몸이 좀 피곤해야 남들이 나를 한 번 더 봐주는 거야. 사람들은 이래서 못하고, 저래서 안 되고, 이유도 핑계도 많은데, 나는 그냥 알겠습니다. 해보겠습니다. 하고 진짜 그 일을 그렇게 해냈어. 여름엔 땡볕에서, 겨울엔 영하의 추위에 종일 망치질 하고 나면 남들은 피곤해서 다 쓰러져 자거든? 나는 그때 이틀 밤을 새워서라도 공사기일을 다 맞췄어. 그랬더니 일을 맡긴 사장님이 나한테 고맙다면서 또 일을 맡기고, 나는 또 그 일을 해내고, 그러면서 여기까지 온 거지. 그러니까 한마디로 '성실함' 그게 제일 중요한 거야. 누군가는 나를 보고 있거든. 아빠가 처음 사업을 시작한 것도 그렇게 나를 2년간 지켜보던 어떤 사장님의 도움으로 시작했어."

아빠의 말을 듣는데 순간, 젊은 아빠가 겹쳐서 보였다. 지금 내 앞의 아빠는 많은 걸 이뤄낸 성공한 사업가지만, 어쩌면 20대, 30대, 40대의 아빠도 오늘의 나만큼 불안하고 두렵지 않았을까?. 그렇게 숱한 날을 두려움에 밤잠을 설치고 실패를 넘어서면서 마침내 웬만한 일엔 꿈쩍하지 않는 단단한 철(고기 불)판 같은 사람이 될 수 있지 않았을까.

아빠가 집에 오는 주말에만 먹을 수 있었던 소고기, 그마저도 값이 저렴한 사태 부위를 사다가 국을 끓이거나 아빠와 우리가 먹을 양만큼만 구이용 소고기를 준비하던 엄마. 이제 더 이상 가격표를 보지 않고도 메뉴를 고를 수 있게 되기까지, 아빠는 그리고 엄마는 얼마나 많은 날을 견디고 참아내셨을까.

"아빠, 사람들이 나 아빠 닮아서 사업 잘 할 것 같대. 사업은 남편이 아니라 내가 해야 잘 할 것 같다고. 아빠 생각은 어때?"

안녕, 나의순간들

"글쎄, 그건 모르지. 해봐야 알지. 근데 내가 보니까 우리 자식 셋 다 성실해. 응, 너희 셋 다 성실해."

아빠는 끝내 '그래 넌 사업도 잘할 거야'와 같은 듣기 좋은 말을 하진 않으셨다. 대신 "너희 셋 다 성실해"라는 두고 두고 몸이 기억할만한 여덟 살에 맞은 새벽바람 같은 말을 남기셨다.

아빠가 마음으로 구워주신 그날의 소고기는 크기도 굽기도 모든 것이 적당했다. 인생이라는 트랙 위를 '조금 더' 달릴 수 있게 말이다.

◦ 미래를 불안해하는 누군가에게 나는 어떤 이야기를 들
   려줄 수 있을까요?

◦ '부모님' 하면 떠오르는 식탁이 있나요?

나의 꿈은 – 김밥。

'김밥을 만드는 데 필요한 건?'

김밥은 '김'과 '밥'만 있으면 김밥이 된다. 물론 맛있는 김밥을 만들기 위해선 여러 가지 추가적인 재료가 필요하지만 말이다.

그렇다면 '맛있는 김밥을 만들기 위해선 어떤 게 필요할까?' 이제부터는 고민을 좀 해봐야 한다. 언제 먹을 건지, 누가 먹을 건지, 김밥을 만드는 다양한 목적과 이유에 따라 속재료가 무궁무진하게 달라지기 때문이다.

먼저, 아이 소풍을 위해 만드는 김밥에는 아이가 좋아하는 재료만 넣는다. 영양가의 균형을 생각한답시고 평소 아이가 싫어하는 채소를 잔뜩 넣었다가는 아이의 즐거운 소풍을 망칠 수 있기 때문이다.

다음으로 손님 초대를 위한 김밥 만들기는 기본 속 재료(단무지, 햄, 맛살, 달걀, 당근, 시금치 or 오이)를 제외한 메인 속 재료를 몇 가지 더 준비한다. 소고기볶음, 참치, 오징어무침, 돈가스, 깻잎, 그리고 멸치에 청양고추까지. 반으로 자른 김을 큰 김에 덧대 붙인다. 한 장 반짜리 김에 밥을 최대한 얇게 펴고 속을 듬뿍 넣어 주먹만 한 두께의 큰 김밥을 만든다.

재료를 두껍게 썰기도 하고, 얇게 채를 썰기도 한다. 그날 기분에 따라 다르게 만들기도 하고, 날씨에 따라 속 재료를 정하기도 한다. 때론 밥 간도 다르게 하는데, 보통은 참기름에 맛소금, 통깨를 넣고 밥을 버무리지만, 오래 두고 먹어야 하거나 기분이 좀 가라앉는 날엔 식초와 설탕, 약간의 소금을 넣은 단촛물에 밥을 비벼 김밥을 말기도 한다.

특히나 간편하게 끼니를 때워야 할 땐 김밥만 한 게 없다. 다양한 식감과 맛을 느낄 수 있고 나름 영양소도 고루 갖췄기 때문에 여러모로 유용한 음식이다. 한 줄은 약간 아쉽고, 두 줄을 먹기에 좀 많은, 먹어도 먹어도 질리지 않는 음식.

안녕, 나의순간들

어쨌거나 어떤 김밥이든 간에 결론은 김밥에 있어 가장 중요한 건 김과 밥이라는 것.

남녀노소, 다양한 인종과 배경을 가진 사람들을 만나는 일을 오래 하다 보니 나름의 사람 보는 눈, 기준 같은 게 있었다. 고객님들 중 여러 분이 나랑 이야기하면 뭔가 다르다고 이야기 하시곤 했다. 사람 경험이 계속 쌓여가면서, 언젠가부터 짧은 내 삶에 비추어 상대를 이해하는 것 말고, 진짜 인간의 마음과 생각에 대해 알고 싶다는 욕구가 일었다.

심리학과로 편입해 3, 4학년을 마쳤다. 그때까지만 해도 여전히 타인에 대해 알고 싶은 욕구가 있었을 뿐, 나에 대해선 더 이상 깊이 알고 싶지 않았다. 대학원 입시를 앞두고 내가 진짜로 배우고 싶은 건, 하고 싶은 건 뭘까를 고민하던 어느 날, 지인들과 나눠 먹을 김밥을 30줄 정도 말고 있었다.

'아, 나는 김이나 밥 같은 사람이 되고 싶구나.'

김밥에 들어갈 수 있는 속 재료의 무궁무진함처럼 각자 삶의 다양한 경험, 아픔과 슬픔, 기쁨과 기대를 가진 이들을 고유한 그 모습 그대로 끌어안을 수 있는 사람. 어떤 모습이 되어야 한다 하지 않고, 그저 지금 모습 그대로도 이곳에 함께 있을 수 있다고, 말해줄 수 있는 사람.

구멍이 많은 얇은 김은 밥과 속 재료의 수분을 견디지 못하고 터져버린다. 일본 스시집에서 사용하는 두꺼운 김은 잘 터지지 않는 대신 어린아이가 먹기엔 그 밀도가 너무 높고 두꺼워 체하기 십상이다.

적당한 밀도의 김과 적절하게 찰기 있는 쌀이 최상의 김밥 맛을 낸다. 혹 나라는 사람의 존재 밀도가 너무 낮아, 다른 이의 영향으로부터 쉽게 휘둘리거나, 반대로 너무 촘촘하고 두꺼워 타인의 고유함과 영향까지 지워버리지 않길 바란다.

누구와 만나 어떤 상황에 놓이든 그 본질이 김과 밥, '김밥'이라는 사실이 변하지 않는 사람. 먹기엔 간편하지만 만드는 과정이나 영양은 절대 우습지 않은, 든든하고 꽉 찬 그런 김밥 같은 사람이 되고 싶다.

세상에서 가장 어렵고 모호한 게 적당한 거라는 생각을

하면서도, 나는 자주 적당하고, 적절한 사람이 되고 싶다는 꿈을 꾼다. 20대엔 '최선을 다하는 최고'가 되고 싶었고, 최고가 되지 못한 건 최선을 다하지 않았기 때문이라며 나를 지나치게 괴롭혔다. 어느 정도 사회 경력을 쌓아갈 때는 압도적인 사람이 되고 싶었고, 그렇기 위해 남들보다 두 배 세 배 내 속사람을 돌보지 않고 앞만 보고 달렸다. 최고가 아니면, 압도적인 실력이 아니면 다 소용없다는 이분법적인 사고는 나 자신도 내 곁에 있는 이들도 힘들게 할 뿐이었는데 말이다.

떡볶이나 라면과 어우러짐은 물론, 소풍을 갈 때나, 손님을 초대할 때, 혼자 먹어도 여럿이 먹어도 그 어느 때라도 어색함 없는 손색없는 메뉴 김밥.

그렇게 따로 또 같이, '개별성'과 '연합'을 즐거워하며 다양한 존재들과 어우렁더우렁 어울려 살아가고 싶다.

다시, 함께.

◦ 가장 기억에 남는 김밥은 무엇인가요?

◦ 되고 싶은 나의 모습을 음식에 비유한다면?

안녕, 나의순간들

에 필 로 그

과거의 나에게 하는 사과, 미안해 그리고 고마워.

태어나기를 하체가 튼튼하게 태어나, 깡마른 다리로 살아본 기억은(첫 아이 출산 이후로는) 거의 없지만, 저는 꽤 오랜 시간을 날씬한 몸으로 살아왔습니다. 몇 해 전의 저를 기억하시는 분들은 아마도 저를 날씬한 아이로 기억하실 겁니다.

그러나 저는, 튼튼한 제 하체가 부끄럽고 싫었습니다. 항상 의자 끝에 매달리다시피 겨우 엉덩이만 걸치고 앉은 이유도, 두꺼운 허벅지가 의자 위에서 퍼지는 꼴을 볼 수가 없어서였습니다. 엉덩이를 의자에 바싹 붙이고 앉아야 하는 상황엔 발끝을 뾰족하게 세워 허벅지가 시트에 닿지 않게 앉곤 했습니다. 저는 자주, 아니, 거의 매일 손에 잡히는 허벅지 살을 가위로 싹둑 잘라버리고 싶다고 생각했었거든요.

긴 티셔츠나 자켓으로 최대한 엉덩이와 허벅지 위쪽을 가리면 그나마 얇은 종아리는 봐 줄만 하다고 생각했습니다. 그렇다고 종아리 두께가 맘에 들었던 적도 없었지만요.

그래서 날씬한 사람들이 부러웠냐고요?

안녕, 나의순간들

아니요.

저는 그때, 제가 생각하는 이상적인 몸을 가진 사람보다, 실제로 뚱뚱한데도 몸매가 훤히 드러나는 붙는 옷이나 짧은 반바지를 편하게 입고 다니는 사람들을 더 부러워했습니다. 적어도 그들은 남들의 시선보다 본인이 좋아하는 걸 더 중요하게 여기는, '자기를 사랑하는 사람' 같아 보였거든요.

어쩌면 제가 진정 갖고 싶었던 건, 얇은 허벅지가 아닌 자신감, '나다움'이었는지도 모르겠습니다. 잘라내고 싶었던 것 역시, 손에 잡히는 살이 아니라, 제 안에 덕지덕지 붙어있는 수치심과 죄책감이었고요.

여러 사람(환경)들과 함께 다양한 음식(마음)을 죄책감 없이 기쁘게 먹게 되는 날이, 제가 저를 있는 그대로 사랑하게 되는 날과 다르지 않다고 생각합니다.

그래서 저는 앞으로 제게 이런 이야기를 계속해서 들려주려 합니다.

"너는 너의 고유한 모습 그대로 충분히 아름답단다. 누구와 같지 않아도, 누구처럼 되지 않아도, 본래 네가 태어난 네 모습 그대로 너는 너무나 소중하고 가치 있는 사람이야."

"그동안 먹고 싶은 거 다 못 먹고, 참고 사느라, 또 어떻게든 살아내겠다고 억지로 먹고 버티며 사느라 참 많이 애썼다"라고요.

앞으로 남은 날들은 즐겁게 먹고, 덜 애쓰면서 충만하게 살고 싶습니다. 많이 사랑받고, 마음껏 사랑하며 매일이 선물 같은 하루를 살고 싶습니다.

그리고 여러분께도 깊은 감사를 담아 이렇게 전하고 싶습니다.

"그동안 먹고 사느라 참 많이 애쓰셨습니다. 당신의 존재가 이 세상에 참으로 의미 있고, 소중합니다. 당신은 존귀한 사람입니다."

안녕, 나의순간들